Carlos Tuya

EVOLUCIÓN, CULTURA Y SOCIALISMO

La dimensión ideológica de las ciencias humanas y sociales.

© Carlos Tuya
© Carlos Delgado (portada)
© Todos los derechos reservados
2005 Primera Edición

ISBN-13: 978-1518644269
ISBN-10: 1518644260

Carlos Tuya

EVOLUCIÓN, CULTURA Y SOCIALISMO

La dimensión ideológica de las ciencias humanas y sociales

INTRODUCCIÓN

En menos de medio siglo, el marxismo ha pasado de ser intelectualmente dominante a convertirse en una especie de apestado, y el término *marxista* a utilizarse como adjetivo peyorativo y políticamente descalificador. ¿Qué ha pasado? Hay, evidente, numerosas razones para tan sorprendente proceso. Una, y fundamental, la refutación práctica de la aplicación del marxismo en el llamado *socialismo real*, cuyo derrumbe arrastró las tesis teóricas sobre las que basaba su justificación práctica. No hay perdón para el caído. Los pocos regímenes sobrevivientes, como China, un ejemplo de éxito económico, Vietnam o Cuba, no han mejorado las cosas ya que, o refutaban gran parte del *corpus* teórico marxista al aceptar sin complejos, y con pocas restricciones, la lógica capitalista; o se estancaban en una fase de inmovilismo político acompañado de recesión económica, con deterioro incluso de los indudables avances sociales en sanidad, educación, y empleo, como en Cuba, inmersa actualmente en un tímido y errático proceso de apertura económica. Es necesario, por tanto, reformular la teoría marxista a la luz de dichos procesos, pero también en base a los nuevos movimientos sociales, el desarrollo del capitalismo global bajo dominio financiero, las conquistas del Estado de Derecho y Estado del Bienestar, hoy en peligro por la crisis del 2008, y los gigantescos avances en ciencia y particularmente los relacionados con el cerebro, y Revolución Digital.

Seamos honestos: o el marxismo es una teoría científica que explica los mecanismos de la evolución, cambio y trasformación social, sirve para analizarlos y proponer soluciones políticas, o no es nada. A lo sumo, una más de las aportaciones a las ciencias sociales con sus aciertos y errores, como tantas otras. Marx se planteó la tarea gigantesca, a la que dedicó la mayor parte de su vida intelectual, de hallar las leyes de la evolución social, inspirado y alentado por las luchas sociales de su tiempo. Parecido a lo que Darwin hizo con la evolución genética. Por eso rechazó las propuestas, calificadas de *utópicas* por su carácter voluntarista y moral, del socialismo de su tiempo. Su visión, que nunca llegó a sistematizar completamente, está repartida entre varias obras, como *El Capital, Tesis sobre Feuerbach, Miseria de la filosofía, Critica del programa de Gotha, La lucha de clases en Francia, El 18 Brumario de Luis Bonaparte* , etc., algunos en colaboración con Engels

En resumen: si el marxismo no es capaz de formular una teoría de la evolución, cambio y trasformación de las sociedades humanas, con sus correspondientes implicaciones políticas, económicas y sociales, deberemos buscar otra explicación científica al hecho indubitable de que la humanidad se ha ido dotando de distintos sistemas sociales, cada vez más avanzados. También se puede negar, como hacen los nuevos *creacionistas sociales*, que los fenómenos humanos tengan más dimensión *científica* que la biológica. Lo que nos libera de todo compromiso con el progreso de la humanidad que no sea exclusivamente *moral*. Y ahí cada uno puede entenderlo a su manera.

Este trabajo trata de explicitar el carácter científico de la teoría marxista de la evolución de las sociedades humanas, apuntada en Democracia Ampliada[1], y contribuir en lo posible a dotar al movimiento socialista de instrumentos sólidamente asentados en la ciencia y la experiencia para su combate *cultural* contra las diferentes manifestaciones de *Subyugación Ideológica*.

La evolución ha sido, desde la aparición del libro *La selección de las especies*, un tema candente en la teoría revolucionaria, hasta el extremo de que Marx y Engels saludaron la aparición de las teorías de Darwin como un apoyo inestimable a sus propuestas del Materialismo Histórico. El 11 de diciembre de 1859, Engels escribe a Marx: *Darwin, a quien acabo de leer, es magnífico. (...) nunca ha habido hasta ahora un intento de demostrar la evolución histórica en la naturaleza de manera tan espléndida, al menos con tanto éxito.* Un año después, Marx le contesta: *En este libro se encuentra el fundamento histórico-natural de nuestra concepción.* Aunque posteriormente, el 18 de junio de 1862, matiza el entusiasmo inicial: *Cabe señalar cómo Darwin reconoce en los animales y las plantas a su propia sociedad inglesa, con su división del trabajo, su competencia, sus aperturas de nuevos mercados, sus invenciones y su maltusiana lucha por la vida. Es el "bellum ómnium contra omnes"[2] de Hobbes (la guerra de todos contra todos), y recuerda a Hegel en la Fenomenología, donde la sociedad civil interviene como "reino animal del Espíritu", mientras que en Darwin, es el reino animal el que interviene como sociedad civil.*[3]

Pese a las objeciones y dudas sobre el darwinismo expresadas por Marx, y recogidas por Engels en el *Anti-Dühring*, que indican un sano temor a su deriva política, como ha terminado ocurriendo con el *darwinismo social*, no pueden ser más acertadas y sintéticas las palabras de Federico Engels en su *Borrador de un discurso en la tumba de Carlos Marx*, publicado en *La Justice*, el 20 de marzo de 1883: *Charles Darwin ha descubierto la ley del desarrollo de la naturaleza orgánica en nuestro planeta. Marx ha descubierto la ley fundamental que explica cómo cambia y se desarrolla la historia humana, una ley tan simple y evidente que su mero enunciación es casi suficiente para conseguir el asentimiento.* Lo cierto es que la influencia de las teorías científicas de Darwin en el marxismo ha sido muy importante. Un ejemplo es el pequeño, pero sustancioso, trabajo del matemático, físico, astrónomo y político comunista holandés Anton Pannekoek (1873 - 1960) titulado *Darwinismo y marxismo*, editado en Leipzig en 1912, que, pese a ciertos postulados hoy superados por el avance de la ciencia, sigue siendo una lectura recomendable y esclarecedora.[4]

Las ciencias sociales, al contrario de las ciencias físicas y biológicas, pueden explicar con bastante profundidad y exactitud los acontecimientos históricos pasados y presentes, pero escasamente predecir acontecimientos futuros. Y es así, por su naturaleza *probabilística*, propia de los sistema complejos, abiertos y no lineales, como son las sociedades humanas. Pero pueden tener una importantísima dimensión *desenmascaradora*, tal como lo entendía Max, y en otro orden Nietzsche y Freud,[5] necesaria en la lucha *cultural* contra las justificaciones *científicas* del capitalismo.

Como veremos, gran parte de estas justificaciones se apoyan en el concepto de la *naturaleza humana* de Hobbes, pero *avalada* supuestamente por los descubrimientos en *neurobiología* y las *ciencias de la conducta*, brillantemente expuestas en el *bestseller* de Steven Pinker, *La Tabla Rasa,* subtitulado para que no quepa la menor duda como: *La negación moderna de la naturaleza humana*[6]. La crítica a las tesis de este libro será el hilo conductor del presente trabajo, y también el pretexto, para exponer mis ideas.

Uno de los pilares *científicos* de la justificación del capitalismo y su inexorable supervivencia, es la idea de que la inteligencia y la conducta humanas, en cuanto actividad superior del cerebro, están genéticamente condicionadas, por lo que solo cabe crear mecanismos *morales y jurídicos* para que los *innatismos* no superen ciertos límites que haría peligrar la convivencia y el funcionamiento adecuado el sistema económico. Hobbes + genética. Tal concepción parte de la idea de que la *mente*, y sus *condicionantes hereditarios*, es simple actividad cerebral en un *ambiente* dotado de valores *morales* cuyo origen y naturaleza se deja en una útil penumbra.

Al contrario que el cambio biológico, el cambio social no se basa en variaciones genéticas (*polimorfismo*) de sus componentes que permita el aumento de la población de los más *aptos* (¿para qué?), ya que la reproducción hace mucho tiempo que no tiene un efecto significativo, necesario para que la *variabilidad* se transforme en *evolución*. Lo que evolucionan son las sociedades. Por lo tanto hay que buscar en ellas los mecanismos de su cambio y trasformación, la explicación de dichos cambios y trasformaciones, de manera que pueda actuarse sobre ellos de forma racional y eficaz. Algo que, evidentemente, no puede abstraerse de los intereses de sus distintos componentes sociales: grupos, clases, asociaciones, etc. Y la única explicación coherente dada hasta ahora es la marxista, con sus luces y sombras, como toda teoría sobre lo humano, donde la teoría es parte de la practica, y la practica está orientada por unos presupuestos anticipadores, es decir, por la teoría.

Pero no nos adelantemos.

La posibilidad de construir una sociedad alternativa al capitalismo, que llamaré socialismo *crítico* de *nuevo cuño*, debe basarse en la teoría científica formulada originalmente por Marx. Pero todavía no es un hecho científico contrastado. Lo será cuando se construya y demuestre su superioridad evolutiva, un proceso no *escrito* en el genoma humano, ni determinista, que necesariamente avanza mediante prueba/error. De momento las primeras pruebas históricas han resultado desgraciadamente erróneas, incapaces de *sobrevivir* en la competencia con el capitalismo. Pero, a su vez, deben servir para reformular el proyecto socialista sobre la base de una experiencia que permita eliminar las ideas erróneas e ineficaces y aprovechar los elementos positivos.

Hoy, como en tiempos de Marx, nos debemos hacer las mismas preguntas: ¿Hay que aceptar como inevitable un sistema económico que genera desigualdad, que es incapaz de erradicar la guerra, que pone en peligro la existencia misma del planeta, por ser la expresión más acabada de la *naturaleza humana,* agresiva y egoísta? ¿No hay *progreso* más allá del capitalismo porque es el sistema que mejor se adapta a la *naturaleza humana*? ¿Es suficiente razón para descalificar toda teoría que contenga la posibilidad del socialismo por el fracaso en los primeros intentos de construirlo?... A todas estas preguntas, y otras que irán surgiendo, pretendo dar respuesta en el presente trabajo. No lo negaré, me mueve una clara intencionalidad política: contribuir al combate *cultural* y al desarrollo del marxismo, desde el supuesto de que es la única teoría capaz de explicar el cómo y el por qué evoluciona la sociedad humana. Condición necesaria, pero no suficiente, para transformarla. Dawkins, que ha señalado acertadamente que *la mayoría de las características que resultan inusitadas o extraordinarias en el hombre pueden resumirse en una palabra: "cultura",* trata de dar una dimensión *evolutiva* a la *cultura* utilizando el concepto de *memes,*[7] una unidad de transmisión *cultural* hoy incorporado a lenguaje no especializado, en particular para referirse a ideas *virales* en redes sociales. Pero no es cuestión de entrar en un tema tan complejo y discutible que me desviaría de los objetivos de este trabajo.

Como he dicho, me he valido del libro de Steven Pinker para desarrollar mis ideas. Espero no haber interpretado mal sus palabras. De ser así, que el profesor me perdone, aunque dudo que llegue a leer este trabajo. Reconozco que en la lucha ideológica es difícil no caer en la tentación de caricaturizar las ideas de un adversario culto e inteligente, firme partidario del sistema capitalista. En este tema, como en todo los relacionado con las ciencias sociales, la cuestión ideológica siempre está presente.

Antes de empezar, creo necesaria una aclaración. En realidad, este trabajo surge de una necesidad no prevista. En efecto, a medio terminar ni ensayo titulado *La sinrazón populista*, una crítica a las teorías populistas del politólogo *posmarxista* argentino Ernesto Laclau (1935 - 2014), me di cuenta de que gran parte de ellas se sustentan en un cierta idea de la *cultura* (y por lo tanto de la *política*) afín al concepto de *Tabla Rasa*, solo que en su caso sustituye la *genética* por la *estructura* social. En ambos supuestos, las clases y grupos sociales son menospreciados o infravalorados, y el factor *ideológico* convertido en determinante, de forma que se puede prescindir de *genes* en un caso y de la *lucha de clases* en el otro. Esa es la razón de este trabajo, con el que trato también de ampliar y precisar conceptos *evolucionistas* señalados en mi Democracia Ampliada.

I. UNA ESPECIE, MUCHAS SOCIEDADES

De acuerdo con la teoría evolucionista, la *selección natural,* que ha moldeado toda la diversidad biológica, incluida la especie *Homo sapiens sapiens,* es el mecanismo por el que los organismos capaces de reproducirse mejor en un determinado medio natural se imponen sobre los menos capaces, y terminan sustituyéndolos. Las evidencias científicas de la *selección natural* son abrumadoras, tanto en el campo de la paleontología, la biología, como de la genética. Como dice el científico cognitivo canadiense Steven Pinker (Montreal, 1954), profesor en el Harvard College, *si se trata de piedras, hierba y serpientes, es evidente qué estrategias funcionan y cuáles no. La cosa cambia, y ya no es tan incuestionable, cuando el medio principal lo conforman otros miembros de la misma especie, que desarrollan sus propias estrategias de reproducción y supervivencia. En el juego de la evolución, ¿es mejor ser monógamo o polígamo?, ¿afable o agresivo?, ¿cooperador o egoísta?, ¿indulgente con los hijos o severo?, ¿optimista, pragmático, pesimista?.* [8]

Preguntas incómodas, sin respuesta *biológica,* porque se tratan de opciones *culturales.* Y es que el medio evolutivo fundamental del *Homo sapiens sapiens* no es la naturaleza como en el resto de los animales, al menos una vez alcanzado cierto grado de desarrollo *cultural,* sino que es el grupo, la colectividad. El *Homo sapiens sapiens,* como especie, se enfrenta a la naturaleza mediante la acción *social*, basada en la capacidad *innata* de cooperación; lo que exige a su vez la creación *cultural*, que es la forma más avanzada de evolución. Y si bien la *selección natural* que produce la evolución *biológica* es el proceso *moralmente* indiferente, por el que los *reproductores* más eficaces llegan a prevalecer en una población, en la especie *Homo sapiens*, la evolución *biológica* tiene una incidencia *secundaria*, referida a aspectos básicamente corporales como estatura, musculatura, pigmentación de la piel, rasgos faciales, etc. Una vez alcanzado cierto grado de desarrollo *biológico*, la evolución humana es *sociocultural*. Hasta el extremo de que llega a anular factores *evolucionistas* anteriores. como deficiencias corporales y mentales, enfermedades, mortandad infantil, reducción de la violencia a gran escala gracias a los avances en el control de la guerra (Convención de Ginebra, Tribunales Internacionales), sin renunciar a lograr su supresión por los organismos internacionales que promueven la paz (ONU). Tal vez por eso, señala Pinker que la *cultura* se puede entender como parte de nuestro *fenotipo*.

Los seres humanos somos una especie cooperativa que usa los conocimientos nacidos de esa cooperación dentro del grupo y entre grupos para articularlos en la *cultura*, que es la forma común en que los miembros de un grupo o grupos afines y próximos interpretan el mundo, ordenan la convivencia y sancionan las actitudes individuales que la ponen en peligro. O, dicho de otra forma, la *cultura* es el *ecosistema* creado por los humanos donde, junto con el hábitat físico, se desenvuelve nuestra especie y nos permite evolucionar y desarrollarnos. En un ejemplo sencillo: es como si los peces crearan el río donde nadan, *nadando*.

La evolución, sin dejar de ser *biológica*, se hace *social* con la aparición del género *Homo,* y su capacidad *innata* de generar *cultura*, que es el mecanismo *socializador* por excelencia y alcanza su mayor capacidad en la especie *Homo sapiens sapiens*. Cuando el ser humano actúa sobre la naturaleza, fundamentalmente para alimentarse y crear riqueza mediante su trasformación, lo hace de una forma cooperativa, *cultural*. Alcanzado este punto en la evolución *biológica*, lo que fundamentalmente evolucionan son las sociedades humanas y con ellas la *cultura*. La especie *Homo sapiens sapiens* permanece igual en lo esencial, es decir en lo que afecta al cerebro y sus capacidades *cognitivas innatas*. Lo que cambia, varía y evoluciona es lo que hace con dicha *capacidad*, que no está sujeta a ningún *determinismo* genético, ya que lo hace en función de las exigencias cambiantes de la sociedad donde se integra, y de los desafíos para la supervivencia y el desarrollo social que van surgiendo a lo largo de la historia. Por lo tanto, las leyes que regulan la evolución de la humanidad *superan* (pero no anulan) lo *biológico* para emerger en el *sistema social*, que es un sistema complejo, abierto, dinámico y no lineal, donde los componentes de dicho *sistema social* son a la vez causa y efecto, agentes de su propia evolución. No existe mayor complejidad en el universo. De ahí la enorme dificultad para su cabal comprensión, y la razón de que proliferen tantas teorías sobre la *naturaleza humana* como en su día proliferaron sobre la composición de la materia. A lo que debemos añadir el carácter *interesado* de su análisis y descripción. Y el hecho, nada sorprendente, de que las *humanidades* sean el último refugio de la *superstición*. En las ciencias sociales, conocer pasa por *desenmascarar*.

Leyes formuladas en primer lugar por Marx, y que deben ser desarrolladas a partir de los avances científicos en genética, neurología, neurobiología, psicología cognoscitiva, ciencias de la computación, dinámica de sistemas, antropología evolutiva, lingüística, economía política (la otra economía es en el fondo *contabilidad,* muy necesaria por otra parte)*,* sociobiología (sin las habituales deformaciones reduccionistas y deterministas, ni las aberraciones del darwinismo social) etc.

La evolución del género *homo* nunca lo ha sido exclusivamente biológica, siempre ha tenido, más o menos desarrollado, un componente *cultural,* si entendemos por *cultura* la capacidad para intercambiar información, procesarla, formar conceptos abstractos y por consiguiente de reelaborarla para la proyección de objetivos, la formulación de reglas de comportamiento, su plasmación *moral* y *jurídica,* etc. Es un proceso complejísimo que ocurre en el cerebro humano como veremos más adelante en detalle. Muchas de estas capacidades las poseen, en mayor o menor grado, muchos animales, y no solo los grandes simios, como los elefantes. La diferencia fundamental, que es algo más que un desarrollo *cuantitativo*, es la capacidad de *abstracción* que posibilita crear *mentalmente* nuevas *realidades* y *relaciones* conceptuales, más allá del mundo objetivo y sin que sean un reflejo directo de la realidad exterior al cerebro. Es el salto *cualitativo* más importante en la evolución, lo que hace a la especie humana única, capaz de crear y no solo alterar, nuevas realidades *materiales* y *culturales.* El cerebro no hace nada que los genes no le posibiliten hacer, pero lo que hacen no está determinado *a priori* por ninguna configuración neuronal. De ser así no podría elaborar lo que llamamos *cultura,* que debe aprenderse una y otra vez, y que no tiene más límite que la capacidad de *ideación.* Un proceso de tal complejidad resulta difícil de entender, como ocurre con la física cuántica, con la que posiblemente esté más relacionada de lo que pensamos.[9]

Utilizando las palabras del profesor de biología norteamericano Jerry A. Coyne (Illinois, 1949) puede afirmarse que *en nuestra cultura, que cambia con tanta rapidez, los progresos sociales mejoran nuestras capacidades mucho más que cualquier cambio en nuestros genes; a no ser, claro está, que decidamos intervenir en nuestra evolución por medio de la manipulación genética, por ejemplo, preseleccionando espermatozoides y óvulos favorables.*[10] Pero incluso esta opción, a todas luces éticamente inadmisible, salvo para evitar enfermedades hereditarias y malformaciones genéticas, es una acción *cultural*, ya que exige un marco previo de valores *culturales*. Se trata de una evolución no fijada genéticamente, por tanto *reversible*, que tiene que ser aprendida y aprehendida, y cuyo soporte material ha evolucionado con la propia cultura: trasmisión verbal, trasmisión escrita (barro, piedra, pieles, papiros, papel, informática), trasmisión visual (gestos, imágenes, teatro, cine, tv, etc.) y transmisión digital (redes).

Lo que evoluciona genéticamente son los *individuos* y, en consecuencia, la *especie*, que no deja de ser un grupo de individuos con un acerbo genético común. En ese sentido, todos los humanos somos iguales pese a la *variabilidad* genética que nos hace diferentes. Por el contrario, las sociedades humanas evolucionan como un *conjunto*, y con ellas, y gracias a ella, su dimensión *cultural*. Muy esquemáticamente, puede decirse que el *acerbo genético* de una sociedad es su *sistema productivo* que se materializa en determinadas *relaciones de producción,* lo que desencadena un proceso de *elaboración, interpretación* y *uso* de las tareas sociales que constituye la *cultura*. El sistema social se trasforma en una nueva *especie* cuando cambia su *acerbo genético*, lo que ya no ocurre por fuerzas ciegas y azarosas (aunque siempre juegan un papel), sino por la acción *consciente* de la parte mayoritaria en el *sistema productivo,* cuando alcanza a ejercer un papel *hegemónico* en la sociedad frente a la parte minoritaria defensora de las viejas estructuras. Es la ley evolutiva de las sociedades humanas descubierta por Marx, aunque formulada de manera muy sucinta e incompleta.

Naturaleza con historia.

Así pues, la evolución de las sociedades humanas es posible (¡y necesaria!), y se realiza mediante la dimensión *cultural* de la especie *Homo sapiens sapiens,* que evoluciona a su vez en el marco de las *relaciones sociales.* ¿Supone esto también una evolución individual de base *biológica*? En pura lógica evolucionista, y partiendo del concepto de *alelo,* puede ser. Y de hacerlo sería en un doble sentido: por un lado, podría primar los *alelos*[11] de genes que hagan mas eficaz la supervivencia de los *individuos* mejor dotados *culturalmente* para actuar en el nuevo sistema social, al estilo de lo que ocurrió con la enzima de la lactosa, y ocurre con el *alelo falciforme* que confiere resistencia a la malaria, o el *alelo* CCR5-Δ32 que proporciona a sus portadores una fuerte protección frente a la infección por el virus del sida; por otro, dado que el comportamiento individual se realiza en un *ecosistema* social cambiante por la acción de sus propios componentes, potenciando los *alelos* que mejor se adaptan a la nueva estructura social: cooperación, empatía, solidaridad, altruismo, en el socialismo, frente a egoísmo, agresividad, individualismo, en el capitalismo. Una visión que tiene sus riesgos, como lo demuestra la fantasía del *Hombre Nuevo,* tan cara a los revolucionarios del siglo pasado. Para Gramsci el término *hombre nuevo* debía referirse al ser humano que se forma en la actividad *práctica,* que va cambiando en tanto cambia la sociedad. *Hombre Nuevo* que debería nacer con las revoluciones socialistas, confundiendo la parte (los revolucionarios) con el todo (el conjunto de la sociedad). Sin embargo, es evidente que en una organización socialista e igualitaria de la sociedad, se terminaría potenciando los *alelos* de los genes relacionados con la cooperación y la solidaridad, en detrimento de los egoístas que todos poseemos, ya que harían que sus portadores tuvieran más éxito. Algo parecido a lo que ocurre en una organización solidaria, como Médicos del Mudo, donde los comportamientos egoístas terminan siendo marginados, y *progresa* (en estima y liderazgo, obviamente) quien se muestra más cooperativo y sensible al sufrimiento ajeno. Un proceso, en cualquier caso, muy lento y complicado, como todo proceso evolutivo. Aunque tenga la ventaja de tratarse de una *selección cultural,* cuyos valores, por otra parte, no son fijos sino que evolucionan a su vez con los cambios y trasformaciones en el sistema social. Parafraseando a Ortega y Gasset, el hombre es *naturaleza con historia.*[12]

La evolución *cultural* supera, en este sentido, el cerebro *individual*, no se realiza en el *individuo* sino en el *grupo*. Es, por tanto, una evolución *política*.[13] Esto no anula la *selección natural*, siempre presente en los organismos vivos, sino que la *redimensiona*. La supervivencia, reproducción y desarrollo *cultural* implica su utilidad para afrontar los problemas del crecimiento social tanto entre sistemas sociales como en el interior de cada sistema. El triunfo del capitalismo sobre el *socialismo realmente existente*, un cataclismo *cultural* de perecidas dimensiones al cataclismo *político* que supuso para la burguesía la Revolución de Octubre, evidencia desde un punto de vista científico (evolucionista en el sentido marxista) la superioridad *cultural* (económica principalmente, pero también política, aunque no social) del capitalismo en la confrontación entre los dos sistemas antagónicos. Algo que ha tenido desgraciadamente su reflejo político en la confrontación interna de las sociedades capitalistas, donde las fuerzas *anticapitalistas*, lastradas por la experiencia del comunismo en los países donde ha gobernado y está gobernando, no son capaces de alcanzar la necesaria *hegemonía*. No es de extrañar la prematura proclamación por el politólogo estadounidense Francis Fukuyama (Chicago, 1942)[14] del *fin de la historia*. Los procesos históricos que han transformado el sistema social habrían alcanzado su meta ultima en el capitalismo. Fin de la evolución, fin de la historia, fin de la revolución.

La contestación más contundente a esta teoría, que veremos resurgir en ciertas corrientes de la sociobiología *reduccionista*, la ha dado la última crisis global del capitalismo, y los movimientos sociales de resistencia y combate que ha generado. Para ciertos politólogos y teóricos la *naturaleza humana,* la sociedad ya solo puede desarrollarse en una dirección, la capitalista democrático-liberal. Por delante solo caben reformas de carácter *adaptativo*. Esta teoría idealista, que enlaza con Hegel y su concepción del Estado prusiano como autorrealización de la Idea[15], pero sin la profundidad intelectual del filosofo alemán, es la base conceptual tanto del neoliberalismo como de la socialdemocracia. Lo que, dicho sea de paso, facilita su alternancia gubernamental, según sean los problemas generados por las crisis del capitalismo y la contestación social que provoquen.

El hecho de afirmar que la evolución (pero también el estancamiento y regresión) de las sociedades humanas sea esencialmente *cultural*, no significa negar la base *biológica*, genéticamente seleccionada por la evolución, de la actividad humana, sino colocarla en su sitio: las *potencialidades cognitivas* de nuestra especie, evidentemente no son iguales en todos los miembros de un grupo o sociedad, pero sustancialmente similares. Y lo mismo que todos los niños pueden aprender a hablar oyendo a sus mayores, lo que evidencia tanto su base genética primaria como su carácter *social* (para aprender a hablar hay que escuchar a otro hacerlo, y relacionar lo que dice con lo que hace o muestra), para escribir necesitan aprender, guiados por alguien que les enseñe. El aprendizaje exige una *cultura* previa que se genera porque la *capacidad cognoscitiva* tiene esa *dimensión social* en los humanos. No existe un *gen Mozart*, que convierte a un niño en un genio musical sin más. Es evidente que los futuros *Mozart* deben nacer con una capacidad para el lenguaje musical más desarrollada que el resto, como ocurre con todos los *niños prodigio,* cada uno en su campo de excelencia. Pero Mozart no habría compuesto sus maravillosas obras musicales de haber nacido en un entorno pobre, analfabeto y marginal, que le obligara a trabajar duramente desde su mas tierna infancia. Lo mismo puede decirse del ajedrez. Todos pueden aprenderlo, salvo serias deficiencias neuronales, pero ni los entrenamientos mas intensos y duros pueden hacer que cualquiera llegue a ser Kasparov; ni el genio ruso hubiera conquistado el campeonato del mundo sin un intenso y duro entrenamiento, dentro de un ambiente familiar de dedicación casi en exclusiva al progreso de un hijo tan maravillosamente dotado. Todo esto parece obvio, sin embargo, los *sociobiológos* llevan años enzarzados en graves polémicas sobre la importancia de los genes en la formación y desarrollo de las sociedades humanas, como ejemplariza el caso de los trabajos sobre los *yanomamis* del antropólogo norteamericano Napoleón Chagnon (Michigan, 1938) y los del genetista, también norteamericano, James V. Neel (1915 - 2000), que les enfrentaron con los antropólogos Terence S. Turner, profesor emérito de Antropología en la Universidad de Chicago, y el profesor y Director del Programa de Antropología Ecológica de la Universidad de Hawái, Leslie Sponsel. Polémica popularizada por el periodista Patrick Tierney y su desacreditado libro *Oscuridad en El Dorado: Cómo científi-*

cos y periodistas devastaron el Amazonas.[16] Lo que, en todo caso, muestran esta y otras polémicas, es la delgada línea que separa la concepción *reduccionista* y *determinista* del factor genético en las poblaciones humanas del *racismo* y *clasismo*. Más sutil es la otra cara, que niega toda influencia genética, bajo la premisa de la acción exclusiva de la *cultura*, conocida como teoría de la *Tabla Rasa*. La falacia del *sueño americano* es una muestra del *reduccionismo cultural*, versión moderna, por otra parte, de la conjetura del *Buen Salvaje*. Sin embargo, ambas posturas, *determinismo genético* y *determinismo cultural*, obvian poner el centro del análisis (y extraer las consecuencias políticas oportunas) en la *estructura* del sistema social y sus mecanismos de dominio *económico, social* y *cultural*.

La *cultura* no flota en la sociedad como una *miasma*; no nace de la nada ni se *autogenera* (aunque si se *autodesarrolla*), sino que surge como consecuencia de la actividad de los humanos organizados socialmente, que es su forma de *existir*. Expresa, ordena, justifica y defiende la naturaleza (clasista, por ahora) de dicha actividad.

Otra muestra del carácter *cultural* de la *expresión* genética es la cuestión demográfica. El impulso procreador *innato* de los humanos puede potenciarse o restringirse *culturalmente*. Los preceptos religiosos que reflejan esa tendencia *natural* y obligan a tener los hijos que *mande Dios*, sin poner impedimentos a la concepción, acompañados por el firme rechazo y condena del aborto, pueden generar serios problemas de alimentación y atención social, entorpeciendo el desarrollo económico en poblaciones con alto índice de natalidad, como ocurre en los países subdesarrollados, por lo que surgen propuestas *culturales*, algunas en forma de leyes restrictivas como el *hijo único* de la Republica Popular China, o en campañas de concienciación y orientación sexual, que tratan de *neutralizar* dichos preceptos y hábitos. En el otro extremo, el acceso masivo de la mujer al trabajo y las condiciones económicas, junto a una *cultura* permisiva con el aborto, han reducido el índice de natalidad en las sociedades desarrolladas, solo en parte paliado por la inmigración, y ponen en riesgo el sistema de protección social por el paulatino envejecimiento de la población. Sin entrar en consideraciones políticas, resulta evidente que hasta un mecanismo de supervivencia tan primario como es el de la reproducción no puede considerase aislado del ecosistema sociocultural.

La *cultura*, entendida como el conjunto de *normas* que rigen el comportamiento *social,* no es patrimonio exclusivo de los humanos. Todos los animales que viven en grupo necesitan cierta forma de *cultura*, en algunos casos muy compleja, como ocurre, por ejemplo, con las abejas y las hormigas[17], solo que en ellas las pautas *culturales* (división del trabajo, especialización, jerarquía social, cooperación, reproducción, etc.) son *innatas* y solo cambian por el mecanismo de la *selección natural*. Por ejemplo, tal como ha estudiado el profesor de Psicología Biológica en la Hunter College de la City University de Nueva York, Howard Topoff , las hormigas del género *Polyergus* se comportan como consumadas esclavistas. Cuando una joven hormiga reina va a formar una nueva colonia necesita *esclavizar* a otras hormigas para poder criar a su nueva progenie. Entonces invade un hormiguero de hormigas del género *Formica*, mata a la reina y consigue ser aceptada por las obreras gracias al mecanismo químico de reconocimiento, ya que en la lucha de las reinas se producen heridas que segregan ciertas sustancias que, lamidas por la reina intrusa, le permiten adquirir el identificador *químico* para ser reconocida como su reina por las obreras. Un sofisticado mecanismo de *supervivencia,* pese al cual se muestran *ciegas* desde el punto de vista *cultural.* En las sociedades humanas, por contra, sus componentes crean sus propias pautas *culturales* en función de las necesidades de subsistencia y desarrollo de la propia sociedad. Por eso podemos tanto aceptar como combatir el esclavismo. No son pautas *innatas,* y por lo tanto trasmisibles genéticamente, o que se puedan *heredar* una vez creadas, como pensaba el naturalista francés Jean-Baptiste Lamarck (1774 - 1829),[18] sino que deben ser *enseñadas.* Naturalmente, solo podemos crear *cultura* porque existen los mecanismos *innatos,* comunes por tanto a todos los seres humanos, para hacerlo.

En la actualidad, los estudios sobre *epigenética*[19] demuestran no solo la influencia del ambiente en la expresión genética, sino que pueden heredarse algunos caracteres *adquiridos,* como la tendencia a padecer enfermedades. Ciertas experiencias reiteradas, o exposiciones ambientales intensas y duraderas, pueden alterar aspectos del ADN susceptibles de ser transmitidos a la descendencia si se incorporan al ADN del descendiente. Pero esas alteraciones adaptativas, producto del ambiente, no afectan a la *capacidad* cognoscitiva, donde intervienen miles de genes. El hijo de un Premio Nobel no tiene necesariamente la misma capacidad intelectual que su padre. Aunque el ambiente *cultural* de su casa le ayudará a tener un mejor desarrollo que el de un niño cuya familia tenga escasos recursos económicos.

Como en la evolución biológica, unas *culturas* tienen un mayor éxito que otras, algunas han desarrollado civilizaciones expansivas, ricas en arte, ciencia y tecnología, otras se quedaron ancladas, o incluso retrocedieron. Un vistazo, por ejemplo, a la historia de Europa, desde la prehistoria hasta nuestros días, evidencia que las *culturas* evolucionaron, cambiaron, se transformaron, al tiempo que lo hacían los sistemas sociales. Al esplendor de la Grecia clásica le sigue un periodo de estancamiento y decadencia, pero aspectos de su *cultura* siguen vivos con la Roma Imperial; y, tras un periodo de oscuridad en el medievo, vuelve con el *redescubrimiento* de la filosofía aristotélica. Es decir, aspectos de una determinada *cultura* pueden permanecer reformulados y desarrollados en una nueva *cultura,* pese a que el sistema social donde se originó haya desaparecido. Es así, porque toda *cultura* exitosa recoge las conquistas sociales de la actividad social precedente, a la vez que integra aspectos de otras *culturas* contemporáneas que permitan a la sociedad un mejor desarrollo. Lo mismo que la evolución biológica no anula, sino que aprovecha, las mejoras evolutivas anteriores. De ahí que la respuesta a cuáles son los mecanismo que permiten la evolución de las sociedades humanas haya que buscarla en la propia estructura social que origina la *cultura* e impulsa su evolución. Marx propuso como mecanismo básico la contradicción entre crecimiento de las *fuerzas productivas* y *relaciones de producción.*

Dinámica de la evolución social.

La evolución de un determinado sistema social puede consistir en su reforma, cambio o transformación, esta última equivalente a la aparición evolutiva de una nueva *especie.* Dependerá de la intensidad, tipo y forma de resolución de las contradicciones internas de la sociedad, y de la *correlación de fuerzas* entre los agentes sociales, tanto desde un punto de vista cuantitativo, como cualitativo. La posibilidad de transformación surge cuando la creación de riqueza se ve frenada o impedida por las *relaciones de producción*, y esa contradicción se inscribe en un conjunto de contradicciones en los campos de la política, la administración, la justicia, la ideología, etc. Es un proceso dinámico y abierto en el que una o varias contradicciones se convierten en principales, condicionando la acción de las demás. En este *juego* se desarrolla la política de alianzas, la lucha por la hegemonía, donde se decide el resultado evolutivo. En ese sentido, la lucha por la *hegemonía,* que veremos más adelante, es una lucha *cultural* que se resuelve *políticamente.*

Par decirlo con Gramsci, existe *una correlación de fuerzas sociales estrechamente ligada a la estructura, objetiva, que puede medirse con los sistemas de las ciencias exactas. Sobre la base del grado de desarrollo de las fuerzas materiales de producción se tienen las agrupaciones sociales, cada una de las cuales representa una función y ocupa una posición dada en la producción misma... Esta división estratégica fundamental permite estudiar si en la sociedad existen las condiciones necesarias y suficientes para su transformación. Y existe la correlación de las fuerzas políticas, esto es: la estimación del grado de homogeneidad, de autoconsciencia y de organización alcanzado por los diferentes grupos sociales.*[20]

Esa pugna dialéctica, propia de un sistema complejo, abierto y no lineal, no actúa de forma *determinista* sino *probabilística*, ya que los mecanismos de salvaguarda de la sociedad frente a los conflictos, su *sistema inmunitario*, son expresiones *culturales,* no *innatos,* de la actividad social, mayoritariamente aceptados (Subyugación Ideológica) o forzadas a ser respetados (Sistema de Dominación). Las contradicciones que nacen de la relación dialéctica, dinámica, entre las *fuerzas productivas* y las *relaciones de producción*, se *expresan*, en sentido metafórico a como se *expresan* los genes, en la lucha entre los grupos y clases sociales. Luchas que tienen una dimensión *cultural*, y en ese sentido necesariamente *política*.

La evolución biológica es consecuencia de la acción de fuerzas aleatorias, azarosas, pero la trasformación de los sistemas sociales humanos, tanto el cambio gradual como el radical, es fruto de fuerzas *conscientes*, de individuos que *piensan* y *actúan*, *actúan* y *piensan*. Y lo hacen en función de sus intereses. Pero dado que todo individuo tiene una dimensión *social*, sus intereses individuales se inscriben y resuelven en la sociedad en la que vive.

En las sociedades humanas no se detiene la evolución natural, sino que cambia de naturaleza, al ser sus integrantes agentes de la propia evolución; seres capaces de tomar decisiones mas allá de los condicionantes *innatos*, y *medioambientales*. Por eso, todo sistema social, al alcanzar cierto grado de desarrollo, necesita dotarse de mecanismos de *dominación* (física e ideológica) para mantenerse organizado frente a las fuerzas internas que pugnan por su cambio o transformación en función de sus intereses. Mecanismos evolutivos que pueden, incluso, ralentizar el proceso hasta su practica paralización, como demuestran la existencia de tribus amazónicas todavía no influenciadas por la civilización occidental.

Un nuevo sistema social siempre tiene como base una nueva estructura de *relaciones de producción*, impulsada por los cambios en las *fuerzas productivas* que provocan el desarrollo y la innovación tecnológicas. A título ilustrativo, podemos decir que los *cambios genéticos* que están en la base de la evolución biológica, tienen su equivalente en los cambios de las *fuerzas productivas* dentro de la sociedad. Y que lo mismo que el *éxito selectivo* biológico en un medioambiente determinado depende de su mayor capacidad de supervivencia y reproducción, las nuevas *relaciones de producción* permiten el *éxito* del nuevo sistema social al facilitar el desarrollo de las *fuerzas productivas*. Y al igual que el concepto evolutivo de *medioambiente* es algo más que la naturaleza física exterior, e incluye aspectos que podríamos calificar abusivamente como *culturales* (por ejemplo, cierto sentido *innato* de *belleza* vinculada a la evolución por *selección sexual*, evidente en la cola del pavo real), también lo que llamamos *relaciones de producción* son algo más que relaciones *contractuales* del tipo amo-esclavo, siervo-señor feudal, patrón-asalariado, ya que incluyen también relaciones de propiedad, jurídicas, educativas, ideológicas, etc.

La dinámica evolutiva de las sociedades humanas, no se basa en alteraciones azarosas de genes y su recombinación igualmente azarosa y sin objetivo, y a organismos vivos enfrentados a la supervivencia en ecosistemas variables y específicos (evolución biológica darwinista), sino en las contradicciones básicas entre desarrollo de las *fuerzas productivas* y las *relaciones de producción*. El ajuste continuo de este mecanismo básico se realiza en el marco del Estado que a la vez es campo de lucha e instrumento que garantiza la cohesión social, lo que genera un complejo variable y dinámico de contradicciones (principal, secundaria, subordinada, complementarias, potenciadoras, y desencadenantes de otras contradicciones, etc.). Un extraordinario conjunto de fuerzas en pugna, el más complejo, abierto y *no lineal* que ha creado la naturaleza.

Como el concepto de *no linealidad* es fundamental para entender los fenómenos naturales, uno de los sellos distintivos del mundo real, y la característica esencial en los procesos neuronales y sociales, que es lo que aquí nos interesa, tal vez resulte oportuno ampliarlo. Hablamos de que un sistema es *no lineal* cuando no se pueden derivar directamente los datos de salida de un sistema en función de la suma de sus datos de entrada, multiplicados por una constante simple, lo que genera una gran complejidad de resultados. Es lo que ocurre, por ejemplo, con las turbulencias del flujo de agua que brota de un grifo, o con el clima y la previsión meteorológica. La dinámica no lineal compleja está particularmente presente en los sistemas sociales. Sin embargo, tenemos una *mente* proclive a descifrar el mundo en términos lineales, más efectivos a la hora de desenvolvernos en la vida cotidiana, ya que la complejidad *no lineal* es mucho más difícil de manejar.

Resumiendo: nada es simple en la naturaleza. El átomo y las partículas elementales son un claro ejemplo: en la dimensión más elemental de la materia, la complejidad adquiere caracteres paradójicos, como evidencia la física cuántica. Y mucho más en los sistemas sociales, que incluyen e integran los niveles de menor complejidad: físicos, químicos, biológicos. Las leyes emergentes del nuevo sistema complejo no anulan las leyes de los sistemas más simples sino que las integran. Así, la sociedad humana está compuesta por individuos, que son organismos biológicos, que se componen de macromoléculas formadas por proteínas, las cuales son largas cadenas de aminoácidos formadas por moléculas constituidas por elementos, los cuales no son otra cosa sino agrupaciones de átomos. Cada nivel con sus leyes específicas, y el conjunto con sus leyes emergentes, que no son la suma de las leyes específicas. El conocimiento científico de la realidad no es absoluto porque se refiere a sistemas, conjuntos, y a niveles de análisis de los fenómenos. Que Newton estuviera en lo cierto no significa que Kepler se equivocara, como tampoco Newton ha sido anulado por Einstein. Se trata de modelos sucesivos de conocimiento y explicación de sucesos que diferían por sus presupuestos, precisión y aplicabilidad, no por ser más o menos veraces, ya que la *verdad* es un modelo sometido a continuo escrutinio, en un inacabado proceso de descubrimiento y perfeccionamiento.

En la naturaleza no existe la discontinuidad, una percepción humana fruto del desconocimiento que alimenta la superstición. Y no sólo religiosa. La superstición *científica,* como cierto concepto de *naturaleza humana,* acarrea ilusiones tan grotescas y concepciones tan infantiles que la misma superstición religiosa queda ennoblecida. Nada extraño si tenemos en cuenta que toda actividad humana es necesariamente *cultural,* inseparable de la *ideología.* Esa unidad de aspectos aparentemente diferentes y autónomos, como lo que *hacemos* y lo que *pensamos,* es difícil de comprender, como lo es la naturaleza de las partículas subatómicas y su *naturaleza* de corpúsculo-onda. Y facilita la manipulación incluso de los datos de la ciencia, como veremos.

Como hemos dicho, desde un punto de vista de la evolución de las sociedades humanas será mejor lo que permita crear más riqueza sin poner en peligro la cohesión interna del sistema social. Hasta ahora, ese sistema es, como la evidencia empírica demuestra, el capitalista, donde la creación de riqueza se basa en el principio del interés individual, y se justifica con el argumento de que los seres humanos son *racionales* y *egoístas*: buscarán su máximo beneficio en competencia con otros, pero sin llegar a poner en peligro el propio sistema, que se autorregula mediante la acción neutral, *ciega* como la justicia, del mercado. La historia demuestra que el proceso no es tan bonito como lo pintaron los padres del liberalismo, fundamentalmente el moralista Adam Smith. Represiones internas frente a la lucha obrera por mejoras salariales, políticas y sociales; dictaduras cuando ha peligrado la propiedad de los medios de producción; guerras por los mercados entre las potencias capitalistas; colonialismo para asegurarse posiciones estratégicas en las materias primas, etc. Es la siniestra cara de un incremento de la riqueza que, en la fase actual, ya no puede garantizar el bienestar de la mayoría de la población, está a punto de agotar o destruir recursos naturales irreemplazables, y pone en peligro la propia existencia de nuestro hábitat natural. Esta es la encrucijada evolutiva actual en los países más o menos desarrollados: destrucción y conflicto, o cambio en los mecanismos estructurales del sistema económico en base a las posibilidades creadas por la Revolución Digital y las conquistas democráticas del Estado de Derecho. Nunca fue más cierto el viejo eslogan: socialismo o barbarie. Un socialismo crítico y de nuevo cuño, vacunado de su propia *barbarie*, tras el dramático fracaso del *socialismo real*.

Resumiendo, la evolución social se rige, como todo en la naturaleza, por leyes emergentes propias del complejísimo sistema, abierto y no lineal de las sociedades humanas. Leyes que Marx, en lo esencial, descubrió al analizar el capitalismo. La negación de estas leyes tiene el mismo origen, aunque distintos argumentos, que la negación de la evolución darwiniana: la incapacidad para reconocerse como parte de la naturaleza, y no hijos de un dios creador. Los modernos *negacionistas* de la existencia de leyes que rigen los procesos evolutivos de las sociedades humanas son el equivalente a los *creacionistas* del Diseño Inteligente (DI). Como éstos, buscan una *estructura causal* en la *complejidad* de los organismos o sistemas. La vida, afirman los partidarios del DI, tuvo un comienzo y de que dicho comienzo debió obedecer necesariamente a una *única causa*. El diseño Inteligente es muy poco inteligente, porque parte de un concepto de *causalidad* propio de la mecánica de Newton, y lo aplican a los sistemas biológicos, obviando que en la evolución emergen de forma espontánea las *estructuras* biológicas, sin necesidad de una entidad que controle el proceso. En el fondo late una concepción de la *causalidad* errónea, inaplicable a los sistemas *no lineales*, donde las leyes del *sistema* no puede vincularse a ninguna de las partes que la integran. En los *sistemas complejos* nos encontramos ante lo que podemos llamar *una retícula causal.*

Si todo lo dicho lo aplícanos al desarrollo de las sociedades humanas, la negación, o incomprensión, de la existencia y carácter de las leyes *emergentes* se manifiesta en la afirmación pretendidamente científica de que la *naturaleza humana* tiene *determinaciones* genéticas que limitan la acción *consciente,* bien porque es la *consciencia* la que crea la realidad, bien porque la propia *conciencia* es un producto *genético.* De dónde viene esas *conciencia* y *consciencia,* es algo que ni se lo plantean... salvo los *psicoanalistas* y su conjunto de fantasías, llevadas al paroxismo por Lacan, y utilizadas para sustentar las nuevas teorías populistas por Laclau. Pero eso excede la intención de este trabajo, aunque lo abordo en *La sinrazón populista,* de próxima aparición.

Cambio y lucha de clases.

La teoría marxista de la evolución de las sociedades humanas no predice que hayan de evolucionar de manera constante, de manera progresiva, ni a qué velocidad lo harán cuando eso ocurra. Señala los principios del cambio y trasformación, y muestra su *motor* principal: *la contradicción entre las fuerzas productivas y las relaciones de producción,* que desencadena otra serie de contradicciones, *variabilidad* que caracteriza a cada sistema social concreto en el momento histórico concreto. No se trata de *determinaciones* ni de *sobredeterminaciones,* para utilizar el viejo lenguaje, sino de un sistema dinámico caracterizado por el *feedback* de la acción social. Lo mismo que en la evolución biológica es impropio hablar de *determinación* genética, ya que los genes, motor del cambio evolutivo, se activan o desactivan, y modulan la expresión de otras partes del genoma en su relación con el medio ambiente. En ese sentido, conviene precisar que la *lucha de clases* no es el *motor* de la evolución, como popularmente se cree, sino una manifestación de dicho *motor*, sin duda fundamental en las sociedades capitalistas. De ser así, no habría forma de explicar el paso de los primeros grupos humanos a la sociedad de clases, ni concebir una futura sociedad sin ellas. Porque nada permanece estático en la naturaleza, y las futuras sociedades sin clases seguirán evolucionando de una forma y en un sentido que se nos escapa, salvo la *aspiración* comunista, fase superior del socialismo, proclamada por Marx[21] y *santificada* por el *socialismo real* como la gran coartada para justificar las miserias del presente *radiante*. Mucha *religión* y poca *ciencia*, que hubiera escandalizado al propio Marx. Si el capitalismo no es el fin de la historia, el *socialismo comunista* tampoco. Esto no significa que los grupos y clases sociales sean *artefactos* subjetivos, nacidos de la necesidad humana de clasificar, sino algo real, y la forma en que se constituye y estructura la sociedad.

Antes de seguir, unas palabras sobre el clásico aforismo: *la lucha de clases es el motor de la historia*. Este es un error bastante frecuente, debido a una interpretación reduccionista de las ideas de Marx, y por la fuerza de la frase, que describe la naturaleza de los conflictos en el momento histórico de la sociedad formada por clases. Lo que hizo Marx fue desarrollar los conceptos de clase y conflicto ya apuntados por Maquiavelo y reformulados por pensadores como Francoise Quesnay, Adam Smith, Burke, y otros. que veían en dichos conflictos algo positivo, un aliciente para la mejora del la sociedad y la economía, y demostrar su carácter de negación y cambio. De ahí su afirmación de que *la historia (escrita) de todas las sociedades existentes hasta ahora es la historia de la lucha de clase*s, acotando convenientemente el concepto historia, y en otras frases del *Manifiesto del Partido Comunista,* donde se afirma que *la historia de toda sociedad jerarquizada existente en la historia es la historia de la lucha de clases. Hombres libres y esclavos, patricios y plebeyos, señor y siervo, amo del gremio y oficial –en una palabra, opresor y oprimido- estuvieron en constante enfrentamiento, desarrollado en una lucha ininterrumpida, ahora escondida, ahora abierta; una lucha que siempre terminó en una reconstitución revolucionaria de la sociedad o en la ruina común de las clases dominantes.* [22] Marx, junto con Engels, lo que estableció es el dispositivo interno de cambio en las sociedades humanas, o si se quiere su mecanismo evolutivo, que son los *conflictos* (contradicciones) entre las *fuerzas productivas* y las *relaciones de producción*, algo permanente, pues siempre los humanos tendrán que organizarse para crear riqueza. De lo contrario, en el futuro, cuando desaparezcan las clases, también lo hará la historia, y la sociedades humanas se estancarían en un idílico *paraíso* en la tierra. Fin de la historia, que diría Fukuyama.

El desarrollo de las *fuerzas productivas* impulsa la formación de nuevas *relaciones de producción* que aseguren y permitan su crecimiento. Si las viejas *relaciones de producción* impiden los cambios, la sociedad se estanca, las contradicciones se agudizan, y puede llegar a desaparecer mediante su trasformación, o ser dominada por otras sociedades mas evolucionadas, como ha ocurrido con el colonialismo. El desarrollo del capitalismo es un claro ejemplo, y muestra tanto su capacidad evolutiva frente a los *catastrofistas* de todo tipo que anunciaban su inminente destrucción y superación, como su intrínseco *límite* evolutivo: la propiedad privada de los medios de producción y distribución, lo que la incapacita para desarrollar plenamente las potencialidades productivas de la Revolución Digital, y satisfacer las exigencias sociales del mayor bienestar posible, demandas que crecen impulsadas por el propio desarrollo económico. El socialismo aparece, por tanto, como una *necesidad material* de creación de riqueza, y una *exigencia social* de bienestar.

El pretendido *determinismo* económico marxista no es tal, aunque si posturas *economicistas* en algunos teóricos y dirigentes políticos. La *eficiencia* económica es el equivalente a la *eficacia* biológica, y cumple parecido papel evolutivo en las sociedades humanas. La diferencia, trascendental, es que el proceso evolutivo biológico es ciego y azaroso, al depender de cambios y variaciones (*polimorfismo*) [23] genéticas, mientras que los cambios y trasformaciones sociales son el resultado de la actividad *consciente* de los integrantes de la sociedad. Lo único *azaroso* en el capitalismo es el *mercado*, un *regulador adaptativo* cuya eficiencia se pone en cuestión en cada crisis económica. Por lo que, alcanzado cierto nivel de crecimiento de las *fuerzas productivas,* se convierte en un serio obstáculo para su pleno desarrollo, particularmente en el nuevo e incipiente *ecosistema* de la Revolución Digital, cuyos efectos se manifiestan no sólo en el ámbito estrictamente económico, sino en la investigación, la sanidad, la educación, la comunicación, la creación artística, y en el resto de las manifestaciones *culturales*. Para darse una idea de la potencia de la Revolución Digital, baste con señalar que en la actualidad se generan cada dos días 5 *exabytes* de datos; es decir, 5 trillones de bytes. Algo que se alcanzará a conseguir muy pronto en apenas unos minutos. La era digital permite abordar multitareas y procesar, gracias la potencia de los ordenadores personales, cantidades ingentes de información.

Todavía no podemos ni imaginar lo que la humanidad, liberada de las ataduras de un sistema productivo incapaz de permitir un desarrollo equilibrado y justo de las fuerzas productivas, puede llegar a conseguir. Hablar de *Homo sapiens digitalis* no parece ya un recurso literario, propio de la ciencia-ficción. Esta transformación de las capacidades cognitivas facilitaría la tarea educativa necesaria para el socialismo, una sociedad donde la capacidad de decisión ultima reside permanentemente en los ciudadanos.

Los cambios en las *fuerzas productivas* y exigen cambios *adaptativos* en las *relaciones de producción*, que pueden ser mas o menos adecuados, pero no necesariamente los mejores, particularmente cuando dicha adaptación exige trasformaciones radicales en las *relaciones de producción*. Entonces lo mejor está reñido con lo bueno, la *trasformación* con el *reformismo*. Por eso Marx decía que ningún sistema económico desaparece sin haber dado antes de sí todo lo que es capaz, razón por la que pensaba que la revolución proletaria solo sería posible en los países industrializados. Dicho con sus palabras: *Una formación social no perece antes de que se desarrollen todas las fuerzas productivas para las cuales es aún suficiente y nuevas y más altas relaciones de producción hayan ocupado su lugar, ni antes de que las condiciones materiales de existencia de estas últimas hayan germinado en el seno mismo de la vieja sociedad. Por eso la humanidad se plantea siempre y solo las tareas que puede resolver; si se observan las cosas atentamente, se hallará siempre que la tarea misma no surge sino donde las condiciones materiales de su solución existen ya o se encuentran al menos en proceso de formación.*[24] Para Gramsci *Hay que moverse en el ámbito de dos principios: 1) el de que ninguna sociedad se plantea tareas para cuya solución no existan ya las condi-*

ciones necesarias y suficientes, o no estén, al menos, en vías de aparición o de desarrollo; 2) el de que ninguna sociedad se disuelve ni puede ser sustituida si primero no ha desarrollado todas las formas de vida implícitas en sus relaciones.

Lenin actualizó este pensamiento con su teoría del *eslabón débil* y el desarrollo *imperialista* del capitalismo, aunque nunca se hizo muchas ilusiones sobre las posibilidades de que Rusia sola pudiera enfrentarse a la gigantesca tarea de construir la sociedad socialista, como demuestra la aplicación de la Nueva Política Económica (NEP) de 1921 a 1929[25], criticada por los *izquierdistas*. Algo que, por cierto, recuerda las sucesivas *aperturas* y *retrocesos* en la economía cubana, hasta la fase actual de *reformas*. Fue Stalin quien desarrollo la teoría del *socialismo en un solo país*, construyendo sobre este eje estratégico lo que vino a llamarse el *marxismo-leninismo*, una amalgama de ideas y teorías con poco de Lenin y casi nada de Marx, que Gramsci trató de adaptar a la realidad de Italia, y al ascenso del fascismo, con su aportación, entre otras, al fundamental, y tantas veces tergiversado, concepto de *hegemonía*.

La *trasformación* revolucionaria de un sistema social se produce cuando las *reformas* ya no son capaces de cumplir su función *adaptativa*; o cuando las consecuencias sociales de la crisis económica, unida a la descomposición institucional, resultan insoportables para la mayoría de la población. En ese caso, la chispa puede producirse por cualquier cosa, desde una protesta pacífica reprimida violentamente, hasta un caso grave de corrupción que afecte a las altas instancias del Estado, pasando por un súbito desabastecimiento o alza de los precios en productos básicos. Pero la solidez de la contestación, y su posibilidad de triunfo, radica en el nivel de participación y protagonismo de la clase trabajadora, hegemónica en el sistema productivo, siempre y cuando sea capaz de convertir esa hegemonía *estructural* en hegemonía *política*. Un proceso, por lo tanto, de naturaleza *cultural,* como lo es toda actividad humana.

El socialismo pasará por formas *transicionales* en lo político, económico y cultural, en un proceso evolutivo por el que se crea un nuevo modelo de sistema social desde el nivel existente (partir de cero es una aberración de dramáticas consecuencias: Pol Pot, Revolución Cultural.), eliminando lo perjudicial para el crecimiento económico, cambiando lo que continua siendo valido para hacerlo mas eficaz, y desarrollando aspectos novedosos para atender a las nuevas exigencias del sistema productivo y las demandas sociales. En el proceso de transición al socialismo los aspectos de la vieja sociedad capitalista tendrán cada vez menos importancia evolutiva, hasta convertirse en *vestigiales*. Un recuerdo *fósil* de nuestra historia.

Pero esto lo veremos en el cuarto y último apartado de este trabajo.

II. CULTURA Y CEREBRO: JUEZ Y PARTE

Que el cerebro humano es fruto de la evolución ya no lo discute nadie, al menos desde el punto de vista anatómico y fisiológico, incluidos los creacionistas, ahora bajo el manto más presentable del *Diseño Inteligente*. Otra cosa son los *procesos cognoscitivos*, el por qué y cómo pensamos y creamos *cultura*. Ahí las teorías son de lo más variopintas, con distintos enfoques científicos, generalmente en base a especulaciones sobre fenómenos empíricos y datos de la actividad neuronal obtenidos por imágenes de resonancia magnética funcional (fMRI). Desde los presupuestos sobre el *procesamiento de información* elaborados por el genial matemático, lógico, científico de la computación, y criptógrafo Alan Turing (1912 -1954),[26] el ingeniero electrónico y matemático estadounidense, Claude E. Shannon (1916 - 2001), o el matemático estadounidense Norbert Wiener (1894 - 1964),[27] fundador de la cibernética, se han desarrollado diversos, y a veces complementarios, enfoques como la *Hipótesis del Sistema de Símbolos físicos*, de Newell y Simon,[28] el *conexionismo, subsimbolismo,* el enfoque *enactivista* del neurocientífico cognitivo Francisco Varela,[29] el procesamiento en paralelo *emergentivista* de redes neuronales, basado en la transmisión bioquímica, mediante procesos bipolares de la bomba de sodio y potasio, que permiten a cada neurona recibir y transmitir información, los trabajos del psiquiatra y neurofisiologo estadounidense, Premio Nobel, Erick Kandel (Viena,

1929) [30] sobre las vías neurales dopamigenéricas para la representación de aprendizajes, y la forma *reverberante* en que se representan neuronalmente estos aprendizajes, estudiado por el también Premio Nobel en fisiología, Gerald Edelman (1929 - 2014) y explicitado en su teoría del *darwinismo neural*.

Los avances en ciencias *cognitivas* (psicobiología cognitiva, lingüística cognitiva, neurobiología cognitiva, etc.) son espectaculares, con hitos en su aplicación computacional como la primera demostración completa de un teorema realizado por una computadora, presentado en 1956, por Allen Newell y Herbert Simon en un simposio en el MIT, bajo el sugerente título de *La máquina de la teoría lógica*. Hace menos tiempo, en 2011, IBM consiguió la proeza de ganar con su potente ordenador Watson a dos concursantes altamente cualificados, Ken Jennings y Brad Rutter, en el programa televisivo *Jeopardy*, un concurso tipo *trivial*, para lo que el ordenador tuvo que ser capaz de entender y responder a los humanos, y en cierta forma, pensar como una persona, lo que le habría permitido superar el *Test de Turing*. En realidad lo que hizo fue buscar, en milésimas de segundo y gracias a sus 13,64 *terabytes* de potencia de calculo, las posibles respuestas entre los más de 200 millones de páginas de información extraída de enciclopedias y de Internet, para compararlas entre sí y encontrar la correcta. Un paso de gigante con respecto a la computadora *Deep Blue*, también de IBM, que consiguió derrotar al entonces campeón mundial de ajedrez, Gary Kasparov. Este nuevo hito, basado en la capacidad de asociación, deducción e interpretación de los desafíos lingüísticos, será sin duda superado por el proyecto de Obama para la construcción de un *superordenador* capaz de hacer un *trillón* (un 1 seguido de 18 ceros) de cálculos por segundo, destinado a resolver *problemas humanos* mediante deducciones *predictivas* que afecten a la toma de decisiones, por ejemplo, en el campo de los negocios y la economía. Sin duda un instrumento tecnológico vital para el desarrollo de la sociedad socialista, dicho sea de paso. Un tema apasionante que desborda los objetivos de este trabajo y que, en cualquier caso, no resuelve el problema central del debate: la *cultura*.

Existo, luego pienso que existo.

La concepción de lo que es el cerebro humano tal vez sea la idea científica que más ha cambiado en los últimos tiempos. Y que más controversia ha suscitado y suscita. El profesor de Harvard Richard C. Lewontin (Nueva York, 1929)[31] lo ha expresado gráficamente: *Un día el cerebro fue una centralita telefónica, luego un holograma, luego una computadora digital elemental, luego una computadora de procesamiento paralelo y ahora es una computadora de procesamiento distribuido.* La tentación de utilizar el ordenador como una referencia es grande, mucho más con el desarrollo de la Inteligencia Artificial. *Software* y *Hardware* se utilizan como algo más que metáforas a la hora de describir y explicar el cerebro humano y sus capacidades cognitivas. Incluso hay quien lo define como *Wetware*. El biólogo molecular y celular Dennis Bray lo define con las siguientes palabras: *En una vía de transducción de señales característica, las proteínas se ven sometidas a un continuo proceso de modificación y pérdida de la modificación. Las quinasas y las fosfatasas trabajan sin descanso, como las hormigas de un hormiguero, añadiendo constantemente nuevos grupos fosfato a las proteínas y volviendo a deshacer después los enlaces de esas mismas uniones. Parece un ejercicio inútil, sobre todo si tenemos en cuenta que cada uno de los ciclos de adición y eliminación de los grupos fosfato le cuesta a la célula una molécula de*

ATP -esto es, una unidad de valiosa energía-. De hecho, en un principio se llegó a la conclusión de que las reacciones cíclicas de este tipo resultaban «inútiles». Se trata, sin embargo, de un adjetivo engañoso. La adición de grupos fosfato a las proteínas no solo es la reacción más común que opera en las células sino que también es la que proporciona un sustrato material a muchos de los cálculos efectuados por ellas. Lejos de revelarse inútil, esta reacción cíclica brinda a la célula un recurso esencial: el de poder contar con un dispositivo flexible y rápidamente ajustable.[32]

Por su parte, el biólogo estadunidense Gerald Edelman (1929 - 2014), premio Nobel de Medicina en 1972, describía el cerebro humano como *un conjuntos de neuronas que compiten unas con otras por el predominio a la hora de responder a los estímulos del entorno: El cerebro no es, en modo alguno, una máquina que recibe instrucciones, como un ordenador. El cerebro de cada ser individual es más bien como una selva tropical en la que abundan el crecimiento, la decadencia, la competición, la diversidad y la selección.[33]*

Los aproximadamente 70 millones de años de evolución de los primates han estado marcados, entre otras cosas, por el aumento de tamaño del cuerpo, fundamentalmente del cerebro, lo que ha conllevado un progreso paralelo de la inteligencia, y un grado cada vez más complejo de comportamiento social, que deja de tener el carácter rígido de otros animales para incorporar una dimensión *psicológica*. Hace unos 4 millones de años, en la evolución se produce un cambio trascendente: la aparición de varias especies de *homínidos*, los podemos llamar nuestros antepasados. Finalmente, hace unos 2 millones de años, ya camina sobre la tierra el *Homo*, un ser con una inteligencia mucho más desarrollada y aguda, lo que le permite crear instrumentos para acceder más fácilmente a su fuentes de alimentación e idear formas de hallar alimentos nuevos, entre otras cosas. Todo ello supuso la ampliación de su base territorial y económica, propiciando un *sistema social* más sofisticado, el desarrollo de un nuevo tipo de *lenguaje* articulado y *conceptual*, para ordenar, mantener y ampliar las exigencias de la nueva economía. A la evolución *biológica*, dominante hasta entonces, se le une la evolución *social*, que finalmente se convertirá en la forma predominante y característica de evolución en nuestra especie. Y esto solo es posible por la dimensión *cultural* de nuestra actividad cerebral.[34]

La *cultura* es el *ecosistema* creado por el ser humano, su naturaleza de *demiurgo*, donde se desenvuelve y le permite seguir evolucionando, ahora *socialmente*. Porque el ser humano *piensa* y *actúa*, *actúa* y *piensa*. Aparece una dimensión *volitiva,* que trasciende el *innatismo* de la conducta animal. La *cultura* es, pues, la forma evolutiva característica del *Homo sapiens*, cuyo genoma permanece prácticamente invariable en lo esencial, que es su capacidad de crear *cultura*, aunque siga evolucionando los aspectos secundarios de carácter adaptativo, como pueden ser la estatura, el color de la piel, los rasgos faciales, el sistema inmunitario, etc.. No evoluciona el cerebro, sino *lo que hace* el cerebro, más allá de las funciones básicas, *innatas*, de supervivencia. Y lo hace, fundamentalmente, en el *dialogo* con otros cerebros. Es decir, gracias a su *sociabilidad,* y en la capacidad de formar conceptos abstractos, almacenarlos y utilizarlos en el procesamiento neuronal de la información, y en la interpretación que orienta la acción de respuesta.

Pero no existe *cultura* sin cerebro. Y, como no podía ser menos, el cerebro humano, cuyo conocimiento está dando pasos gigantescos, pero ínfimos ante la inmensidad de lo que queda por conocer, se convierte en el centro del debate. Último refugio del *alma* o del *espíritu*, que se niega a hacer *mutis por el foro*.

Existe la idea generalizada de que el cerebro es una especie de *circuitería* neuronal capaz de realizar la proeza que llamamos *aprender* y elaborar *cultura*. Pero esos *circuitos* no nos convierten en meros *imitadores*, sino que trabajan con una impresionante complejidad y sutileza, de forma que el *aprendizaje* adquiere la dimensión *cultural* que nos diferencia como especie. Sin embargo, la idea de *circuitos*, tomada de la informática, es cuanto menos, *reduccionista*, aunque pueda resultar atractiva por su simplicidad. Sin duda, la *circuitería* de la que habla Pinker en su obra citada, *La Tabla Rasa*, es el mecanismo básico de acción neuronal, pero es la conformación *dinámica* de los *mapas neuronales* lo que constituye la *mente* y, por lo tanto, la *cultura*. La *actividad* cerebral puede ser estudiada, todavía de forma rudimentaria, gracias a las ondas (*delta, theta, alfa,* y *beta*) producidas por la actividad eléctrica durante los procesos neuronales, y recogidas en el electroencefalograma (EEG) y analizadas mediante procesamiento informático (EEG digital). El hecho de que el cerebro emita ondas cuando se activan sus neuronas ha permitido prodigiosos avances en campos como la biónica. Por ejemplo, científicos de la Universidad de Newcastle han desarrollado un ojo *biónico* que permite devolverle la visión a aquellas personas que la perdieron por completo o que nunca fueron capaces de ver. A su vez, médicos de EE.UU han creado una mano y pierna robóticas, manejadas por control mental, gracias a sensores que responden a los impulsos eléctricos del cerebro y los trasmiten a los electrodos del artilugio, y estos, a su vez, a los músculos implicados en el movimiento. Pero lo más sorprendente, son los experimentos realizados por un grupo de neurólogos de la Universidad de Utah. Ellos han demostrado que es posible *leer* las ondas cerebrales generadas al pensar palabras mientras eran monitoreados mediante EEG. Para ello implantaron electrodos en los centros del habla del cerebro, y posteriormente procesaron informáticamente los resultados mediante un ordenador. Cuando el sujeto pensó en palabras como *calor, frío, hambriento, sediento, hola, adiós, más* y *menos*, el ordenador las reprodujo, con gran entusiasmo de los investigadores, lo que abre la posibilidad de una máquina *traductora* del pensamiento. No hace falta señalar sus importantes aplicaciones médicas. Claro que para lograrlo tuvieron que dotar previamente al ordenador de una base de datos de dichas ondas cerebrales, conseguida mediante el registro del habla y un largo entrenamiento. Una especie de *diccionario* de pensamientos. Pero, de momento, se trata de *pensamientos* simples. Millones de neuronas se activan cuando realizamos la más simple tarea mental. No digamos si se trata de un pensamiento complejo. Ciertamente, a base de entrenamiento es posible generar ciertos tipos de pautas ondulatorias en una pantalla. La imagen de la pantalla se enviaría con posterioridad a un ordenador convenientemente programado para reconocer esas pautas ondulatorias específicas y ejecutar una orden precisa. John Donoghue, neurocientífico de la Universidad de Brown, ha construido un aparato llamado *BrainGate* que permite a una persona paralítica realizar una serie de actividades físicas utilizando su mente. De este modo, por ejemplo, una persona totalmente paralizada podría controlar el movimiento de su silla de ruedas con sus pensamientos. [35]

Gracias al avance de la neuropsicología científica sabemos lo suficiente del funcionamiento cerebral como para abordar desde un punto de vista materialista el problema de la *consciencia*, identificando sus correlatos neuronales, y poniendo de manifiesto el modo en que la experiencia subjetiva es fruto de la actividad del cerebro.[36] Pero esos mismos descubrimientos alientan la visión idealista de que los *pensamientos* tiene entidad propia más allá de la actividad del cerebro, como el mundo de las ideas de Platón, donde el cerebro acude a buscarlas. El último intento idealista, por ahora, para sobrevivir a la ciencia neurológica es considerar la *mente* como una entidad propia e independiente del sistema neuronal que (experiencia obliga) necesita el cerebro para expresarse. Es lo que Pinker llama *El Fantasma en la Máquina,* una bonita metáfora que, paradójicamente, reaparece en su propia teoría de la *naturaleza humana,* como veremos más adelante.

En realidad se trata de un *falso problema,* como el que plantea con preguntas del tenor siguiente: ¿son nuestras decisiones conscientes las que provocan la actividad del cerebro?, ¿es la actividad cerebral la causa de nuestras decisiones?, o ¿puede ser que ambos procesos obedezcan a una tercera causa desconocida?. En todas ella subyace una visión *dualista,* un mundo separado en *esferas* distintas. La primera pregunta parte del supuesto de que la conciencia es *primero* y es causa de la actividad cerebral ¡consciente!; la segunda postula que la conciencia es un *subproducto* de la actividad cerebral. Pero si abandonamos el *dualismo,* podemos concebir que la actividad cerebral y las experiencias conscientes son en realidad la *misma* cosa. No es fácil de comprender, como ocurría hasta hace poco con la naturaleza de la luz, que no está causada por la radiación electromagnética, sino que *es la radiación electromagnética.* El pensamiento *dualista* está muy arraigado, y nos resulta tan familiar que no caemos en su profundo absurdo. En efecto, si aceptamos que el *universo* es todo cuanto existe, ¿cómo es posible que exista algo fuera de él capaz de mantener con dicho universo una relación de *isomorfismo*?. Se trata de una manifestación más del *pensamiento exterior al tiempo,* de carácter *religioso,* que parte de la existencia de un mundo imaginario, exterior al universo, donde se encuentran las verdades universales e inamovibles, como proponía Platón. Las descripciones y explicaciones *científicas* formuladas desde el *pensamiento exterior al tiempo* tienen que remitirse finalmente a algo que es exterior al mundo. Lo que es todo menos un pensamiento *científico,* por muchos doctorados que uno tenga.

La *mente* es algo más que actividad *eléctrica* entre neuronas, es su actividad *cultural* capaz de manejar conceptos *abstractos* organizados lógicamente en sistemas de valor para la orientación y toma de decisiones. Como una neurona es algo mas que moléculas, y una molécula algo más que átomos. En el cerebro humano, fruto de la evolución, *hardware* y *software* son dos caras de una misma *realidad* o *materialidad.* Querer establecer un forzado dualismo, fruto de la complejidad del sistema, (como se ha intentado con la física cuántica, ultimo refugio de la religión) solo lleva a un callejón sin salida. O al *idealismo* y, en ultima instancia, la *superstición.*

Que la mente sea un *procesador de información* es una hipótesis justamente rechazada por un amplio sector de científicos cognitivos, como el biólogo chileno Francisco Javier Varela García (1946 - 2001).[37] Los *deterministas genéticos*, una curiosa especie que nunca se declaran tales, son incapaces de entender en profundidad la naturaleza *cultural* del ser humano, más allá de una sofisticada *circuitería* construida por genes, solo cuantitativamente con mayor complejidad que la de los chimpancés.

Cuánta palabrería han disipado el electroencefalograma, la tomografía axial computarizada (TAC), la tomografía por emisión de positrones (TEP), y la resonancia magnética (RM), técnicas de *imagen* que han permitido a la ciencia neurológica y a la psiquiatría científica conocer, aunque todavía de una manera incipiente, el funcionamiento del cerebro humano en tiempo real, y cómo se produce la *percepción*, la *memoria*, el *pensamiento* y el *lenguaje*. Basta una pequeña lesión cerebral en el área adecuada para ver como *significantes y significados* se trastocan... tal vez de manera más creativa.[38]

Igualmente, los impresionantes experimentos en neurología aplicada han permitido la reaparición de formas más sutiles de *materialismo vulgar* que considera el pensamiento como la vieja idea *materialista* que pensaba que el cerebro creaba el pensamiento como el páncreas la bilis. Una especie de *materialismo idealista*, oxímoron como los que suelen ser habituales en las *pseudociencias*, y, en el mejor de los casos, una expresión de *fisicismo* que es el miembro más vulnerable de la familia materialista. Es particularmente inadecuado como análisis de la *mente* y de la *sociedad*, puesto que la física no puede explicar ni los hechos *mentales* ni los *sociales*. El error parte de considerar que el *pensamiento* tiene entidad propia, autónoma, sea *materia* (partículas con masa) en la visión *fisicista,* o *energía* (campos electromagnéticos) en la *espiritista*. Pero todo *pensamiento* es una *configuración específica de neuronas* que se *objetiviza* cuando se transcribe mediante el habla, la escritura o la imagen. *Mente* y *cerebro* son insuperables. *La mente es el cerebro en actividad*. Dicho someramente: los estados *mentales* son estados *cerebrales*.

Intuitivamente es natural creer que las *ideas* son una *cosa*, pero la neurología ha aclarado definitivamente esta suposición. El *pensamiento* es una propiedad *emergente* de las neuronas de la corteza superior cerebral, capaces de organizarse en *mapas* y *redes,* una especie de *tapiz* cuatridimensional[39] (o tal vez de más dimensiones), con *estratos ocultos* (formados por neuronas que ni perciben el mundo exterior ni actúan sobre él y se comunican únicamente con otras neuronas),[40] que va cambiando sus dibujos en función de los *inputs* que recibe, tanto del exterior como de los *nódulos* e *hilos* con los que lo dibuja. No hay *idea, pensamiento* y *cultura* más allá del cerebro. Un texto escrito no es más que un conjunto de manchas hasta que el cerebro transforma su información en *lenguaje*.

Es más, el *pensamiento* puede inducir nuevas *redes, mapas o tapices*. Por eso podemos provocar *ideas* (también emociones y sentimientos) modificando los *estados cerebrales* mediante, electrodos, pastillas e ideas exteriores. La moderna *psiconeurología* se basa en este hecho. Ahora bien, esta *redes* y *mapas o tapices* se construyen mediante impulsos eléctricos, que crean campos electromagnéticos, y se propagan como ondas. Las *ondas* cerebrales, son el ultimo refugio del *idealismo cientificista*. Veámoslo con un poco de detalle.

Es evidente que el *pensamiento*, al ser una manifestación de la actividad neuronal genera *ondas cerebrales,* que son fluctuaciones rítmicas de la actividad eléctrica de las neuronas. Esta actividad eléctrica origina un campo electromagnético, muy débil y de bajísima energía, en el rango de los milivatios. ¡Ondas, campo electromagnético! Son conceptos que entran dentro del ámbito de la física cuántica y propician todo tipo de interpretaciones. La primera es identificar las *ondas* con el *pensamiento*. Craso error, similar al sostener que las ondas electromagnéticas de la televisión, mediante las cuales los estudios trasmiten la imagen y sonido del presentador de la noticias, son la persona. De ser así, tendríamos a los presentadores flotando en el aire a la espera de que se encienda el televisor. Claro que, irreductibles a las más elementales reglas de la lógica, los partidarios de tal identificación, suelen recurrir al hecho empírico de que se puede mover el cursor del ordenador con el *pensamiento,* olvidando que para realizar tal proeza es necesario una *interface* hombre-máquina. Directamente, el pensamiento no puede mover nada. La fuerza electromagnética obedece a las ecuaciones de Maxwell y no admite la posibilidad de empujar objetos eléctricamente neutros. Por mucho que nos concentremos, no podemos acumular energía suficiente para realizar las hazañas y milagros que se atribuyen a la *psicoquinesia.* Es pensable que, si se pudiera aumentar millones de veces la pequeñísima energía de la onda electromagnética generada por el pensamiento *muévete a la izquierda*, y fuéramos capaces de dirigirla hacia un objeto, se pudiera llegar a mover, puesto que se trata de una acción física (una onda electromagnética puede transportar energía de un punto a otro) pero se lograría el mismo efecto pensando cualquier cosa, ya que en este caso la *información* que transporta la onda es irrelevante. Salvo que el objeto fuera un mecanismo capaz de *traducirla.* La robótica del futuro tal vez se beneficie de los avances en *neurociencia*, no solo para su *inteligencia artificial,* sino por la capacidad de captar y *traducir* (lo que exige un aprendizaje previo) los pensamientos humanos. Pero, eso es ciencia-ficción. Como lo fue en su día la posibilidad de que existiera la radio y la televisión.

Los *pensamientos*, en cuanto *estados cerebrales* necesitan una *intermediación* material (voz, escritura, imagen, ordenador) para manifestarse. La *transmisión del pensamiento* (telepatía) sin la intervención de un medio material es tan imposible como la digestión o la respiración a distancia..

Resumiendo, una *idea* no existe por si misma, como subproducto de la actividad neuronal, sino que *es la propia actividad neuronal,* en una específica configuración, *mapa, red o tapiz.* La única forma de meter una mente en un *pendrive* es que el *pendrive* sea también un cerebro. Lo mismo que para trasportar un cuerpo por el espacio no basta con mandar su imagen mediante ondas electromagnéticas a un receptor; es necesario trasportar, átomo a átomo, el propio cuerpo, tal como ocurre con la máquina *teletransportadora* en la popular de la serie *Star Treck*. Que eso sea posible, es algo que ahora no viene al caso.[41]

Para el antropólogo y sociólogo francés, profesor de la Universidad de Estrasburgo, David Le Bretón (1953), el cuerpo no debe ser considerado como una mera entidad biológica, sino como una *construcción social y cultural*, estrechamente ligada a la de ser humano.[42] Algunas de sus opiniones no pueden ser más adecuadas para el tema que nos ocupa, como cuando afirma, en referencia al viejo dualismo occidental cuerpo-espíritu, hoy formulado como cuerpo-hombre, que *las facciones radicales de la cibercultura americana van aún más lejos en este dualismo... sueñan con la posibilidad de que el espíritu humano pueda ser archivado en un disco de ordenador, volcado en Internet... biología e informática intercambian su vocabulario. El cuerpo humano es percibido cada vez más como una metáfora informática: se piensa que los genes programan las características físicas o psicológicas, que contienen información, etc. Una forma más de confirmar este fantasma que se cierne sobre el cuerpo humano, que se expresa hoy en algunas corrientes ideológicas que pretenden encontrar fundamentos genéticos ineluctables a todos los comportamientos humanos... El desciframiento del genoma pretende, según algunos de sus promotores, facilitarnos todas las claves no sólo de las enfermedades, sino también del comportamiento humano.*[43] Y en *Antropología del cuerpo y modernidad* afirma *que el cuerpo no es aislable del hombre o del mundo: es el hombre.*[44] La formulación pertinente sería que el *cerebro* no es aislable de la *cultura*: el humano es *cerebro cultural*. Como decía Levi-Strauss, los últimos coletazos de la *trascendencia* se refugian hoy en la *biología*.

Ser para aprender, aprender para ser.

La prueba más evidente de que el cerebro humano crea *cultura*, y se *humaniza* al hacerlo, es el *instinto de aprendizaje* (expresión científica que por sí misma refuta la dicotomía naturaleza-cultura), un proceso común a todos los animales. Así, Pinker pone el ejemplo del *papagayo* para ilustrar las diferencias fundamentales entre los animales y el ser humano a la hora del aprendizaje. Es, sin duda, una propuesta muy convincente como veremos, aunque los últimos trabajos sobre la capacidad *cognoscitiva* de los chimpancés, capaces de un lenguaje conceptual rudimentario, complican bastante la argumentación. Pasémoslo por alto por ahora, y vayamos a lo esencial del proceso de aprendizaje humano.

Es un hecho constatado que tanto el *papagayo* como el *niño* aprenden cuando se les habla. Quien haya escuchado lo que es capaz de decir uno de estas aves, y su aparente lógica, no puede por menos que asombrarse y poner en duda la *originalidad* de nuestra capacidad para el lenguaje oral. Sin embargo, a poco que se analice el fenómeno, queda claro que el primero solo retine *sonidos*, que puede asociar a determinadas actitudes y situaciones, mientras que el niño capta *conceptos*. De ahí que el *papagayo* no pueda crear frases nuevas y el niño en cambio si. El primero no lo necesita para su supervivencia (aunque la *gracia* de sus exabruptos puede redundar en una mejora alimenticia); sin embargo, para el segundo es imprescindible. Sin duda, una prueba irrefutable.

Evidentemente, la diferencia estriba en la evolución del cerebro. Pinker lo expresa con claridad: *únicamente el niño posee un algoritmo mental que extrae palabras y reglas de la onda sonora y las emplea para producir y entender un número ilimitado de frases nuevas. Las dotes innatas para el lenguaje, de hecho, son un mecanismo innato para aprender la lengua. De la misma forma, para que los niños aprendan la cultura no pueden ser unas simples cámaras de vídeo que graben pasivamente imágenes y sonidos. Han de estar equipados con una maquinaria mental que pueda extraer las creencias y los valores que se esconden en la conducta de las otras personas, y así puedan convertirse ellos mismos en miembros competentes de la cultura.*[45] Pasemos por alto lo de *algoritmo,* un concepto sacado de la informática de dudosa aplicación a las funciones *cognitivas* del cerebro. Pero, estando fundamentalmente de acuerdo con Pinker, pasa por alto la dimensión *cultural,* y no explica que un niño también aprende como un *papagayo* un idioma extraño si no está inscrito en el aprendizaje general de su entorno. Es decir, el niño aprende porque asocia sonidos a comportamientos y sucesos. La genética crea la *posibilidad* del lenguaje, la sociedad el *fenómeno* del lenguaje. Un niño solo, amantado por una loba, nunca llegaría ha hablar, por mucho que los mitos fundacionales se empeñen en ello. Y un niño nunca llegaría a aprender un *idioma materno* si continuamente le estuvieran cambiando de entorno familiar y lingüístico. Lo que es diferente a que pueda aprender varios si su entorno es *plurilingüe* (padres con distinto idioma).

Conviene recordar que el cerebro, o la *mente* si se quiere, no necesita ser consciente del trabajo previo a la toma de decisiones que hacen las neuronas. De tener que hacerlo resultaría paralizado. En el aprendizaje, desde el bebé hasta el final de nuestros días, ocurren procesos inconscientes, que actúan filtrando la información, ajustándola de acuerdo a la experiencia, eliminando lo innecesario que llega de los sentidos, que captan el entorno dentro de su rango de capacidades, sin preguntarse si es útil o no. Esa pregunta inicialmente tiene una respuesta inconsciente, probabilística, que anula o difumina el *ruido*, y nos capacita para actuar racionalmente. Los estudios sobre la visión han demostrado que el cerebro debe trasformar el *caos* de estímulos que llega hasta nuestra retina en una percepción coherente y precisa del mundo exterior gracias a un *filtrado* en continuo *afinamiento*. El cerebro no se encarga solo de la actividad *racional*, consciente, sino de resolver los problemas subyacentes de *estar en el mundo*. Lo *inconsciente* es parte de nuestra actividad, una fase necesaria de la actividad cerebral, pero no tiene nada que ver con el *inconsciente irracional* de Freud, que adjudica a los niños un inconsciente de tipo *fantasioso e irracional,* al que dota de vida propia y una dictadura sobre la razón que solo un psicoanalista, ¡naturalmente! puede *neutralizar*. Recientes investigaciones de la psicología cognoscitiva han evidenciado la existencia de una formidable *diferencia* entre lo que los niños son capaces de llegar a *expresar* verbalmente y lo que llegan a *realizar*, muchas veces inconscientemente, durante los procesos de aprendizaje, la inducción y el razonamiento. Como dice el psicólogo Adam Alter,[46] de la Universidad de Nueva York, *mientras nos mantenemos atareados en las labores de la vida cotidiana, nuestro cerebro procesa una enorme cantidad de información bajo la superficie de nuestra conciencia vigil.* Mediante el aprendizaje se generan nuevos *estratos ocultos* en el conjunto general de los circuitos neuronales. Por eso, una vez creados pueden pasar *inadvertidos,* y no olvidarse nunca, al menos de una manera absoluta, como ocurre cuando se aprende a tocar un instrumento musical o a montar en bicicleta. Hay aprendizajes que no se pueden *desaprender*, salvo lesión cerebral, como el lenguaje. Otros se pueden olvidar en parte, pero basta una poco de práctica para recuperar lo aprendido, algo que sabe cualquiera quien haya aprendido a tocar el piano.

Existen teorías que explican el largo periodo de la infancia precisamente por la necesidad *cultural* de su aprendizaje. Hay que tener en cuenta que la percepción es una forma de *percepción experta*. Por eso el aprendizaje humano no es repetitivo ni simplemente imitativo. Desde el principio, el bebé comienza a establecer *percepciones expertas,* que se irán afinando y eliminando en función de su experiencia, que a su vez validará la *predicción* o la rechazará. Esta validación no es solo física sino *cultural*, e incorpora un alto grado de *incertidumbre* si el cual el aprendizaje no estaría abierto. Nadie aprende lo mismo de las mismas experiencias. Es más, al aprender, el bebé no se limita a *imitar* lo que hacen los adultos cercanos, sino que, a su manera, se *relaciona* con las personas que le rodean, trata de captar y valorar sus intenciones, *interactúa*, en una palabra. En ese proceso se producen cambios funcionales en su cerebro: nuevas conexiones, neuronas que mueren, otras que proliferan, etc. Cuando nace, el cerebro del bebé funciona pero de manera muy inmadura, en gran medida por que el cerebro necesita de una gran *flexibilidad* o *plasticidad* para adaptarse al *ambiente*. Esto les impide realizar funciones que otros mamíferos logran en pocos días o semanas después del nacimiento. Por ejemplo, los bebés humanos requieren de mucho esfuerzo para fijar la mirada, o el control del tronco para sentarse. Pero nacen equipados con *reflejos* que les permitirán la adaptación al nuevo entorno, como el de *succión*, que les dará el alimento que requiere para ayudar a su desarrollo, o el de *parpadeo* y el *llanto* que les permiten iniciar una *interrelación social* con sus cuidadores.[47]

Hoy se sabe que la *eliminación selectiva* de las conexiones sinápticas es un proceso fundamental en el desarrollo *cognoscitivo* del niño, lo que se manifiesta en cambios de la sustancia gris del lóbulo frontal relacionados con la realización de tareas cognitivas, en una *carrera* para conectar neuronas. Es una *poda neuronal* inevitable, donde rige el principio *darwiniano* de que todo aquello que no se emplea se desecha. Mediante el poderoso mecanismo conocido como *inhibición lateral*, un grupo de neuronas puede suprimir la actividad de otras neuronas para evitar interferir con un importante *mensaje* que entra en ese momento en el plano de procesamiento inmediatamente superior. Por eso, las neuronas que no logren crear metas a mediano plazo que posibiliten la adaptación, se irán destruyendo. Podemos considerar el cerebro como un instrumento de *predicción*. De hecho, los trabajos de investigación neurocientífica realizados por Dana Ballard, Tobias Egner, Paul Fletcher, Karl Friston, David Mumford y Rajesh Rao han evidenciado que el cerebro utiliza la capacidad de *predicción* y *anticipación* para dotar de sentido a las señales que recibe y poder emplearlas para orientar la percepción, el pensamiento y la acción. Es lo que llaman *codificación productiva*. Lo importante para el cerebro es lograr el niño pueda relacionarse exitosamente con el mundo. Podemos resumir estos procesos como *escuchar, ver, levantarse* y finalmente caminar, *reconocer* el lenguaje (materno) para comunicarse. Estos periodos coinciden con las etapas de desarrollo *cognoscitivo* explicadas por el epistemólogo, psicólogo y biólogo suizo Jean Piaget (1896 - 1980).[48] Las fases de desarrollo cerebral del niño, ya sea de *arborización dendrítica* o de desarrollo de la *materia gris,* coinciden con el progreso *cognoscitivo*, y en todos ellos el *ambiente* jugará un papel *protagonista*. A todo esto hay que añadir posibles *infecciones intrauterinas, patologías cromosómicas* o *déficit nutricional,* que pueden afectar el desarrollo cerebral *dentro* del útero materno.

El *instinto de aprendizaje* humano, pero también el de los animales, solo que en menor medida (quien haya tenido un perro sabe de lo que hablo), no es mera *imitación*, sino un proceso complejo que, por supuesto, tiene una parte importante de *imitación*, pero en el que dicha *imitación* es también *interpretación* que afecta tanto al acto imitado como a la intención y significado de dicho acto. Tomemos el caso de las aves cantoras del género *paseriformes*. El profesor de biología cognitiva de la Universidad de Viena, W. Tecumseh Fitch, lo explica de la siguiente manera: *El progreso vocal de las aves cantoras constituye un ejemplo clásico para ilustrar el instinto del aprendizaje.... El impulso que induce a los paseriformes a escuchar el canto de los adultos y a cantar después ellos mismos, modelando los tonos en función de las pautas tonales escuchadas en el nido es un proceso completamente instintivo. El pájaro no necesita de tutela de ninguna clase, del mismo modo que tampoco precisa de ninguna indicación de refuerzo por parte de sus padres para ir pasando por todas las etapas que integran su pleno desarrollo vocal. Con todo, el canto que finalmente aprende cada pájaro se transmite de generación en generación por medios culturales. Las aves cuentan con dialectos locales, con vocalizaciones que varían de forma aleatoria de una región a otra. Si el ave joven no llegara a escuchar en ningún caso los cantos que emiten los adultos, todo cuanto alcanzaría a emitir sería un triste conjunto de graznidos, no el canto típico de la especie.... Con todo, el canto que finalmente aprende cada pájaro se transmite de generación en ge-*

neración por medios culturales. Las aves cuentan con dialectos locales, con vocalizaciones que varían de forma aleatoria de una región a otra. Si el ave joven no llegara a escuchar en ningún caso los cantos que emiten los adultos, todo cuanto alcanzaría a emitir sería un triste conjunto de graznidos, no el canto típico de la especie... En el caso de los pájaros que sí son capaces de aprender a vocalizar, el canto del ave adulta es el resultado de una compleja interacción entre el instinto (consistente en escuchar, ensayar y perfeccionar las pautas existentes) y el aprendizaje (hasta llegar a igualar el canto de los adultos de la especie a la que pertenezca el pájaro)... Durante la infancia pasamos por una fase dedicada a los balbuceos, esto es, por un período de jugueteos vocales tan instintivos como los entrenamientos líricos de las aves cantoras. Según parece, en el transcurso de dicha fase perfeccionamos el control de nuestras vocalizaciones de modo que, al salir de la primera infancia y convertirnos en niños, podamos escuchar y reproducir las palabras y las frases que oímos pronunciar a los adultos que se ocupan de nosotros... Por consiguiente, podemos preguntarnos: ¿es el lenguaje humano el resultado de un proceso instintivo o se debe a los esfuerzos de un aprendizaje? La cuestión misma presupone ya la existencia de una dicotomía, de modo que se revela intrínsecamente engañosa. Todas las palabras que somos capaces de pronunciar los seres humanos, en cualquiera de las seis mil lenguas que maneja nuestra especie, son aprendidas. [49]

Esta capacidad está muy desarrollada evolutivamente en el *Homo sapiens*, es una de sus *características* fundamentales, la que permite el desarrollo de la *cultura*. La dicotomía entre lo *innato* y lo *adquirido* está felizmente superada por la ciencia. Por el contario, debemos asumir el hecho de que es el *instinto de aprendizaje* el que nos permite desarrollarnos como humanos, en una experiencia personal y única mediante la cual adquirimos el lenguaje, pero también todos los aspectos de lo que llamamos *cultura*. Por eso, toda actividad humana es cultural por ser *humana*, y estar basada en una nueva dimensión cuantitativa y cualitativa del *instinto de aprendizaje*.

Cultura que no es una *miasma* que penetra en nuestra mente desde el exterior, de la misma manera que el pensamiento no es una *secreción* del cerebro como sostenía en el biólogo, zoólogo y fisiólogo alemán Karl Vogt (1817 - 1895), quién no dudó en afirmar: *el cerebro segrega el pensamiento como el estómago segrega el jugo gástrico, el hígado la bilis y los riñones la orina*. Al contrario, la *cultura* es parte de la propia *mente*, pues la actividad *mental* humana es siempre *cultural*. No se trata de un *monismo reduccionista*, sino de una realidad compleja: el *pensar* es un proceso neurológico *cultural* por el que se recrea y crea *cultura*. Percibimos, actuamos, aprendemos y recordamos *culturalmente*. Esa es su *materialidad*. Como la *materialidad* del electrón es ser corpúsculo/onda.

Es como si quisiéramos *explicar* o *entender* el contenido de un libro analizando y describiendo su tamaño y forma, la encuadernación, el papel, la tinta, el tipo y cuerpo de la letra. Evidentemente, si arrancamos varias página o tachamos diferentes palabras el libro pierde su sentido. Pero tampoco lo tiene si no conocemos el idioma. En una palabra, los procesos cognoscitivos del cerebro humano son procesos *culturales* característicos del cerebro humano, fruto de la evolución, que le ha dotado de capacidad de *ideación* mediante la formación de conceptos *abstractos*. No sabemos hasta donde llega esa capacidad en nuestros primos chimpancés, con los que compartimos el 98,4% de nuestros genes, aunque cada día se descubren nuevas capacidades que diluyen las fronteras.[50] Pero es evidente que existe un salto cualitativo en la evolución. De lo contario podría ocurrir como en *El planeta de los simios* con solo activar el gen del *lenguaje* FOXP2.

Es falso el planteamiento de Pinker, aunque suene muy razonable, cuando afirma que *sólo un pensamiento tan de blanco o negro podía llevar a las personas a convertir la idea de que algunos aspectos de la conducta son innatos en la idea de que todos los aspectos de la conducta son innatos.* Por supuesto, se trataría de un argumento *ad hominen,* pero la cuestión no es esa. Una conducta *innata* no es una conducta estrictamente humana, aunque sea de un humano, si carece de dimensión *cultural,* como ocurre con los actos *involuntarios* como retirar la mano del fuego, que no se diferencian de conductas innatas de otros animales. La conducta se hace humana, en términos estrictos, cuando es una respuesta cargada de *cultura,* como el impulso sexual, cuyo carácter *innato* se manifiesta *culturalmente,* lo que posibilita su modulación más allá del nivel funcional *innato* reproductivo.

La polémica de cuánto de la conducta humana se debe a los *genes* y cuánto a la *cultura,* que veremos en detalle en el siguiente apartado sobre la *naturaleza humana,* es pueril. Demuestra que para ciertas cuestiones del estudio científico sobre aspectos *humanas* hace falta una visión algo más amplia, *holística* si se quiere. Si hoy se sabe que la *expresión genética* no es un mecanismo fijo, sino que está relacionado con el *ambiente,* dentro de unos parámetros que determinan la funcionalidad del sistema, parece disparatado pensar que el *ecosistema cultural,* creado por los propios individuos en función de su capacidades cerebrales *cognitivas,* no sea parte de la propia *expresión genética individual.* Todos los humanos ríen y hacen el mismo gesto facial al reír, pero no todos se ríen con y por las mismas cosas. La risa del verdugo es el llanto de la víctima. No existe la risa *genética*, salvo la risa *mecánica* inducida, involuntaria, o producto de una alteración neuronal, como la *epilepsia gelástica* (del griego *gelos*, risa), que se caracteriza por una incontenible risa involuntaria y grandes despliegues de energía. Es más, debemos considerar al cerebro como un *ecosistema* que se transforma continuamente a sí mismo. Posee una capacidad analítica, combinatoria y computacional poderosísima que es la *ideación*.[51]

Algo más que neuronas.

El cerebro es un órgano prodigioso, fruto de millones de años de evolución, que nos permite establecer relaciones entre nosotros, conocer el mundo y cambiarlo, hablar, pensar, crear... Las capacidades del cerebro humano son el resultado evolutivo de tres grandes estructuras interrelacionadas, pero con un cierto nivel de autonomía: El **neocórtex** (nueva corteza, por ser el último resultado de la evolución), una fina corteza rugosa y llena de pliegues y surcos, de unos 2 mm, dividida en seis capas, que recubre la zona externa del cerebro, y que alberga las complejas e intrincadas redes neurales. Está dividido en dos hemisferios intercomunicados. En el neocórtex se realizan las funciones superiores cognitivas como *memorización, concentración, autorreflexión, resolución de problemas, toma de decisiones, etc.*, asociadas a procesos de razonamiento lógico, análisis y síntesis, descomposición de un todo en sus partes. También juega un papel importante en otras funciones como la percepción sensorial, la generación de órdenes motrices, el razonamiento espacial, el lenguaje, y el pensamiento consciente. El **córtex prefrontal**, la parte anterior de los lóbulos frontales del cerebro, involucrada en la coordinación de pensamientos y comportamientos cognitivamente complejos, toma de decisiones, y el comportamiento social. El **Sistema límbico,** formado por varias estructuras, entre las que se encuentra la amígdala, base de la memoria afectiva, cuya función posibilita las emociones, como el miedo, la rabia, la empatía, el placer, la agresividad, etc., se interrelaciona con el conjunto cerebral y el resto del organismo mediante las hormonas. También hay que considerar el llamado **cerebro reptiliano** que regula las funciones fisiológicas involuntarias de nuestro cuerpo como el control de la temperatura, del hambre, sed, los impulsos reproductores, la respiración, etc.

La actividad cerebral la realizan unos 100.000 millones de neuronas, capaces de realizar 10^{15} sinapsis (*sinaptogénesis*), cerca de 500 millones de sinapsis por milímetro cúbico de tejido cerebral. Las instrucciones genéticas, escritas en un código formado por las bases *adenina* (A), *guanina* (G), *citosina* (C), *timina* (T), que se combinan de dos en dos, y siempre de la forma A - T y C - G, gobiernan las células del cuerpo para que sinteticen los diferentes tipos de proteínas, e influyen en sus funciones a través de mecanismos de conexión y desconexión para que crezcan, reparen daños, asimilen alimentos, se multipliquen ó mueran (*apoptosis*). La vida, en una palabra.

En su actividad, miles de neuronas se movilizan al mismo tiempo y transmiten el mensaje a neuronas vecinas gracias a su acción electroquímica en las sinapsis. Dos neuronas pueden comunicarse por medio de una sinapsis, lo que permite a cada neurona comunicarse con cientos de neuronas mediante cargas eléctricas a una velocidad de 0,001 segundos, el cual puede ocurrir hasta 500 veces por segundo. El diámetro de las sinapsis corticales comunes mide menos de un micrón de diámetro (10^{-6} metros), en el límite de la resolución máxima del microscopio óptico, lo que nos da una idea aproximada del conjunto de las sinapsis que encierra nuestra cabeza, realmente sobrecogedor.

Esta prodigiosa *máquina,* construida gracias a las instrucciones de nuestro ADN, no depende exclusivamente de la *genética.* El desarrollo de las neuronas y sus conexiones está relacionado con su utilización, con factores ambientales y educacionales, ya que es necesario que se produzcan *experiencias* para que activen a las neuronas y se organicen sus conexiones. De hecho, durante el desarrollo del bebé desaparecen numerosas neuronas mientras que otras se desarrollan. Durante este proceso se van formando áreas o regiones especializadas, de fronteras difusas, dotadas de *plasticidad,* como las Broca y de Wernicke para el lenguaje. Sin embargo, esa especialización no es fija, como demuestran los experimentos con hurones realizados por científicos del Instituto Tecnológico de Massachusetts (MIT), cambiando la configuración del cerebro de hurones recién nacidos para que los ojos de los animales quedaran conectados a las regiones cerebrales donde se desarrolla habitualmente el sentido del oído. El sorprendente resultado es que los hurones desarrollan rutas visuales en las secciones auditivas del cerebro. Ven el mundo con tejido cerebral que se consideraba exclusivamente capaz de oír sonidos, lo que demuestra que las regiones cerebrales no quedan grabadas a fuego al nacer, sino que desarrollan funciones especializadas de acuerdo a la información que reciben después del nacimiento. En palabras de Michael Merzenich, neurocientífico de la Universidad de California, *se trata de la demostración más convincente que podíamos tener de que la experiencia moldea el cerebro.* El especialista Jon Kaas sugiere que los genes crean un *andamiaje* básico, pero poca *estructura* cerebral. Todo ello evidencia la unidad genético-cultural de la *inteligencia* humana. A este respecto, es significativo un estudio, citado por Jonah Lehrer, editor adjunto de la revista *Seed,* que demuestra la influencia del entorno cultural en el desarrollo de los rasgos mentales: *Un experimento realizado en Francia con niños adoptados que tenían algún trastorno, de edades comprendidas entre 4 y 6 años, demostró a las claras que nuestra naturaleza humana depende de la manera como nos criamos. En la época en que fueron adoptados, estos niños pequeños tenían un cociente intelectual medio en torno a 77, es decir, próximo al nivel del retraso. Sin embargo, cuando los niños volvieron a pasar el test nueve años después, todos ellos arrojaron un resultado mucho mejor. Lo cual sorprendió sobremanera, pues se suponía que el cociente intelectual era algo esencialmente estable en el decurso de la vida. Más aún, la proporción en que un niño mejoraba estaba directamente relacionada con el estatus socioeconómico de la familia adoptante. Los niños adoptados por familias de clase media arrojaban una puntuación media de 92; los adoptados por familias de clase alta tenían un cociente que subía, por término medio, hasta 98. En un espacio de tiempo relativamente corto, sus cocientes habían pasado de un promedio bastante bajo a ser prácticamente normales.*[52]

La *magia* de la cognición es fruto de una serie de *ciclos* que se desarrollan en el interior de otros *ciclos*, enlazados a su vez con un complejo de procesos recurrentes, reentrantes y de información y transformación reflexiva, que incluyen desde los bioquímicos que ocurren en el interior de las neuronas a los relacionados con el *ciclo* onírico y las ondas de actividad y recuperación cerebral, tal como ponen de manifiesto los electroencefalogramas. La inmensa complejidad de los procesos cognoscitivos, de la que solo conocemos una ínfima parte, particularmente sus manifestaciones *físicas,* debería hacer más prudentes a los que tratan de *medir* la inteligencia.

Como dice el neurólogo Nolasc Acarín Tusell: *el cerebro es un producto de la evolución y adaptación al medio a lo largo de millones de años, pero a su vez el cerebro humano en tanto que productor de cultura, de técnica, es quien configura el futuro de la humanidad. Las condiciones de vida de la población son resultado de la cultura desarrollada por los humanos, no son un producto directo de la evolución.*[53]

Volviendo a nuestro autor, Pinker afirma que la *cultura* se puede entender como una parte del *fenotipo* humano, una expresión incorrecta porque presupone *dos sustancias separadas,* genoma y *cultura*, confundiendo y asimilando ésta última con el *ambiente*. Una muestra del error habitual en el lenguaje científico relacionado con la *mente*, fruto, a mi entender, del predominio del pensamiento cartesiano en gran parte de la ciencias humanas.[54] Y de una concepción teórica del genoma, entendido como un conjunto de instrucciones *estáticas* que se transmiten de generación en generación, frente a la idea, expresada por la científica norteamericana y Premio Nobel de Medicina, Barbara McClintock1 (1902 – 1992) en 1950, de *regulación* genética.

No es que sea *parte*, es que el *fenotipo* humano es *cultural*, fruto de la evolución biológica que permite al *Homo sapiens* enfrentarse a la naturaleza de una forma nueva a la del resto de los animales, transformando su hábitat al tiempo que se transforma él mismo. Transformación cuyo aspecto fundamental es el desarrollo y ampliación de sus capacidades *cognoscitivas* de concebir *modelos mentales*. Un *simio* evolucionado hasta el punto de poder analizar, deducir, planificar, proponer, organizar, dirigir y ejecutar su actividad en colectividad. Es decir, actuar *culturalmente*.

Lo que nos lleva a la cuestión clave de la *naturaleza humana*.

III. NATURALEZA HUMANA, LA GRAN COARTADA

El debate sobre si existe o no una *naturaleza humana* es tan atractivo como falso. En realidad nadie lo niega. Incluso los partidarios del *Diseño Inteligente* lo admiten... a su manera. Hasta el mismo Confucio lo supo formular de una manera clara: *Las naturalezas de los hombres son iguales; lo que les separa son sus hábitos.*[55] Si hay una especie *Homo sapiens sapiens* tiene que tener una *naturaleza,* se entienda esto como se entienda. Leído hoy el libro de Pinker *La Tabla Rasa,* doce años después de su publicación en español, la polémica resulta un tanto gratuita, y sus presuntos defensores, algunos *malgré lui,* una especie en extinción. Ningún científico evolucionista niega, como pretende Pinker, la existencia de la *naturaleza humana*, pues sería tanto como rechazar que somos una especie animal evolucionada. Y eso solo lo hacen los *creacionistas.* El debate se circunscribe, por tanto, a qué entendemos por *naturaleza humana.* Por ejemplo, sobre cuestiones cuantitativas: cuánto hay de *genético* y cuánto de *cultural* en el comportamiento humano, una forma *contable* poco operativa, como veremos. Porque la cuestión no es esa, sino dilucidar cómo *crea* el cerebro *cultura,* y qué papel juega ésta en la conducta. Pues de ahí se deduce la *posibilidad* y la *naturaleza* de la evolución de las sociedades humanas.

Es decir, el *quid* de la cuestión consiste en dilucidar qué se entiende por *naturaleza humana.* Y es a la hora definirla cuando empiezan los problemas y los encontados, los debates *bizantinos*, las polémicas *filosóficas*. Como los que muestra Pinker entre *científicos radicales* (algunos, !horror!, *marxistas*), y los *sociobiológicos* (*reduccionistas* o *deterministas* en mayor o menor grado). Debate que pretendo utilizar para precisar lo que se entiende por *naturaleza humana* desde un punto de vista de una teoría marxista de la evolución de las sociedades humanas.

Pero antes, veamos como utiliza este concepto Pinker para atacar a sus involuntarios adversarios. Tras descalificar a Lewontin y Rose por su *compromiso* con *el enfoque «dialéctico» de Marx, Engels y Mao explica por qué niegan la naturaleza humana y niegan también que la nieguen*. Las últimas palabras no tienen desperdicio. Pinker, ya metido a político señala *que la democracia constitucional se basa en una teoría negativa de la naturaleza humana, según la cual nosotros somos eternamente vulnerables a la arrogancia y la corrupción. Los frenos y los equilibrios de las instituciones democráticas se diseñaron expresamente para paralizar las ambiciones, a menudo peligrosas, de unos seres humanos imperfectos*. Una burda reformulación genética de la teoría de Hobbes y Adam Smith sobre la naturaleza *violenta* y *egoísta* del ser humano y la necesidad del *Estado* y el *Mercado* para que esas pulsiones negativas *innatas* se conviertan en un factor positivo de creación de riqueza. No hay mal que por bien no venga. El corolario no puede ser otro: olvidemos toda idea e intento de cambiar las cosas (el capitalismo, naturalmente) ya que lo impide la *naturaleza humana*, un concepto *científico* tal como la entiende el liberal Pinker, pero con una clara finalidad *política*.

Ocurre que la *democracia* (esclavista, censitaria, restringida, constitucional) no es un instrumento necesario dada la *naturaleza humana*, sino una forma de organización del poder político vinculado a una determinada estructura social que busca con ella regularse y resolver sus conflictos internos, de forma que el sistema socioeconómico se mantenga. Su forma y desarrollo histórico dependen de como se manifiestan y resuelven dichos conflictos y contradicciones inherentes al sistema. Puede, por tanto ser, en determinadas circunstancias, un poderoso instrumento de cambio y transformación social mediante la conquista del poder político por las fuerzas sociales, con los trabajadores a la cabeza, que pugnan por la transformación del sistema social, tal como he desarrollado en Democracia Ampliada.[56] La teoría de la *naturaleza humana* de Pinker, pese a su indudable aportación científica en determinados aspectos frente a la visión simplonamente *culturalista* de la *Tabla Rasa*, el *Buen Salvaje* y el *Fantasma en la Máquina*, no escapa, como no podía ser de otra forma cuando se estudian y analizan cuestiones *humanas*, a su ideología liberal. El capitalista es el mejor, o el menos malo, de los mundos posibles por que así estamos hechos. Fin de la historia.

La idea del *Buen Salvaje*, expresada entre otros por Rousseau,[57] tiene mucho de propuesta *moralizante*. En su momento sirvió de base filosófica para cambiar la sociedad, que es la que corrompe a los individuos nacidos buenos y generosos. Una propuesta idílica, pero no del todo descabellada, al menos en su corolario: un cambio de sociedad es necesario para que el ser humano pueda desarrollarse plenamente. La bondad innata del *Buen Salvaje*, revisión intelectualmente más refinada del mito del hombre, criatura de Dios, y por tanto *naturalmente bueno* hasta el pecado original, y donde el diablo corruptor se sustituye por la sociedad, no tiene base científica, como acertadamente señala Pinker. La misma ausencia de base científica de su concepto de *naturaleza humana*.

Late en ella, a mi parecer, la *desconfianza* en el ser humano del protestantismo puritano de los *padres peregrinos*, presente en algunos de los *Padres Fundadores*, junto a buenas dosis de Ilustración, lo que originó el juego de contrapoderes y garantías, tanto frente a la *maldad* innata de los miembros de la sociedad, como a la posibilidad de que, en base a esa misma *maldad*, pudieran surgir dictadores. Un efecto positivo de una concepción negativa.

Volvamos al concepto de *naturaleza humana* de Pinker. Pues ahí, en el *concepto,* es donde estriba el problema. Para *abrir boca,* tomemos un ejemplo *alimenticio*: nuestra *morfología* evolutiva muestra claramente que somos por *naturaleza* omnívoros. Sin embargo, existen personas empeñadas en hacerse vegetarianos o, más estrictos, *veganos.* Y no porque tengan un alelo *vegetariano*, sino porque en un momento de su vida decidieron que eso era *moralmente* más adecuado. Aunque luego trataran también de justificarlo con argumentos *nutricionistas,* incluso *evolucionistas,* que no se sostienen empíricamente. No hay que darle vueltas, ni buscar argumentos para demostrar la *superioridad* de ir contra la *naturaleza humana*. Se trata de una elección *cultural.* Otro ejemplo esclarecedor es el manifiesto publicado en Change.org contra un festival chino donde se ingieren enormes cantidades de carne de perro. Una cosa así sería impensable en los tiempos, no tan remotos *evolutivamente* hablando, donde la necesidad de alimentarse era la primera preocupación *moral* de los humanos. Para que haya *moral* uno tiene que anticipar las consecuencias de sus actos y estimar los resultados en función de unos valores previamente adquiridos, o reelaborados a partir de ellos. Somos *morales* porque somos *culturales.*

Pero elevemos el punto de vista a otros aspectos más *espirituales*, como pueden ser la *belleza* y el *amor.*

El hecho de *enamorarse*, algo que la literatura ha demostrado tener una inmensa *variabilidad*, o las experiencias personales de alguien *enamoradizo*, se tratan de explicar por un aumento en el hipotálamo de alguna hormona polipeptídica, como la oxitocina.[58] Pero el *amor* no puede reducirse a *bioquímica*, aunque el sentimiento amoroso desencadene y necesite un proceso bioquímico. Uno no se enamora en *general,* se enamora de *alguien* (o algo), por lo que el proceso *bioquímico* sería, en cualquier caso, específico para cada individuo. Es cierto que se venden *amuletos y filtros* para el amor, pero no creo que ningún científico sensato se dedicara a estudiar la fórmula *bioquímica* del *amor* para fabricar una píldora. No existe dicha fórmula universal del amor, salvo los *elixires* de los que tan magníficamente se burló Donizetti en su ópera *L'elisir d'amore*. El amor es un fenómeno *cultural* o, si se prefiere, la *manifestación cultural*, cambiante por lo tanto, de la *selección sexual* en los humanos. Porque el comportamiento humano es siempre *cultural* aunque se base en mecanismos emocionales comunes a la especie humana. La *cultura* no es el "*Fantasma en la máquina*" sino el funcionamiento cultural de la *máquina*, biológicamente parecida, por otra parte, a otras *máquinas* de los mamíferos, fundamentalmente los grandes simios. Puede funcionar solo como una *máquina biológica* siempre que deje de ser *humana*, es decir en estado vegetativo o coma profundo. Salvo la actividad involuntaria gobernada por el sistema nervioso autónomo (SNA), toda actividad cerebral humana es *fantasmal* sin dejar de ser *maquinal*.[59]

Lo mismo podríamos decir del sentido de la *belleza*. Es evidente que tiene un origen evolutivo: es un mecanismo de *selección sexual* que elige aquellos individuos cuyos rasgos externos son señal de salud. El *dimorfismo* sexual, el colorido de ciertos plumajes o la espectaculares colas de los pavos reales, son formas de la *selección sexual*, uno de los mecanismos de la evolución de las especies. Con su alarde fantasioso de plumaje inoperante, el pavo real parece decir a la pava: mira si soy fuerte que puedo alardear de cola sin miedo a los depredadores. Por cierto, el alarde de riqueza y el dispendio económico de los varones juega un papel similar, aunque mucho mas complejo como corresponde a todo lo humano. Los *adornos* están ligados a la historia de la humanidad y tienen una gran capacidad de permanencia precisamente por su *profundidad* evolutiva. El *atractivo* sexual de los poderosos es un hecho sobradamente contrastado.

Pero volviendo al sentido de *belleza*, en los humanos tiene una inseparable dimensión *emocional*, y por lo tanto *cultural*, lo que posibilita tanto la amplia *variabilidad* de la emoción *estética* entre los individuos y las sociedades, como su evolución histórica. De modo que lo que en un tiempo nos parecía feo puede devenir hermoso (el cubismo por ejemplo, y se pueden dar ejemplos en todas las artes, por no hablar de las modas). La Venus Willendorf representa un canon de belleza distinto al que refleja el cuadro *El nacimiento de Venus* de Botticelli Esta dimensión *cultural* hace que la *belleza*, el sentido estético en general, no esté ligado necesariamente, ni siquiera primordialmente, ya no digamos exclusivamente, a la sexualidad y la pulsión primaria reproductiva.

En resumen, la *naturaleza humana* consiste precisamente en que somos *animales culturales*.[60] Parece evidente, y sin embargo, la polémica entre Stephen Jay Gould, A. Ferguson, Richard C. Lewontin, Gerald M. Edelman, James V. Neel, Terence S. Turner, y Steven Pinker, demuestra que no todos sacan las mismas consecuencias. Es una polémica que tiene que ver más con la consecuencias que cada contendiente presupone de las posiciones del otro (eugenesia, nazismo, creacionismo encubierto, etc.) que con cuestiones científicas, aunque se revista de tales.

Son particularmente significativos los siguientes párrafos del libro de Pinker: *Aunque Gould se ha opuesto de forma incansable al creacionismo, también lo ha hecho infatigablemente a la idea de que la evolución puede explicar la mente y la moral, y ésta es la implicación del darvinismo que más temen los creacionistas... A un lado tenemos a Gould formulándose la pregunta retórica: ¿Por qué queremos atribuir a los genes la responsabilidad de nuestra violencia y de nuestro sexismo?. Y al otro lado encontramos a Ferguson planteando el mismo tema: La creencia científica [del condicionante genético] parecería echar por tierra cualquier noción de libre albedrío, de responsabilidad personal o de moral universal. Para Rose y Gould, el "fantasma en la máquina" es un «nosotros» que puede construir la historia y cambiar el mundo a voluntad. Para Kass, Wolfe y Ferguson se trata de un «alma» que formula juicios morales a partir de preceptos morales. Pero todos ellos consideran que la genética, la neurociencia y la evolución son amenazas para este locus irreductible del libre albedrío.*

Pero ni la pregunta retorica de Jay Gould, ni el supuesto concepto de *alma* del *sociolingüista* estadounidense Charles A. Ferguson (1921 -1998), si es que se refiere a él, vienen a cuento. Ninguno niega que la *mente* es fruto de la evolución; si no, ¿de donde procede? ¿Surge por generación espontanea? ¿O se hace *autónoma* una vez creada, como una secreción con vida propia fuera del cerebro?. Otra cosa es que la evolución *biológica* explique la evolución *cultural*, lo que es evidentemente falso, ya que obligaría a que cada cultura tuviera una base genética distinta. Así que los marxistas ya no es que tengan *rabo* y *cuernos*, sino un cerebro neurológicamente distinto de los liberales. En cuanto a los conservadores, el asunto no les importa, porque ellos tienen *alma,* y pueden admitir tranquilamente que desde el punto de vista de la evolución biológica todos los cerebros son iguales, hasta que el Creador insufla el *espíritu,* que es el que marca las diferencias. La *máquina para el fantasma.* A Pinker le pierde su afán de polémica.

Todo se disuelve si partimos de que la formación de la *cultura* es un fenómeno que surge gracias a la *evolución* del cerebro. Nada *cultural* existe fuera del cerebro. La *cultura* es la forma superior de *actividad cerebral,* que tiene la *paradójica* cualidad de actuar a su vez sobre la actividad cerebral (por ejemplo, mientras leemos un libro como el de Pinker). Pero nuestro polemista tiene razón cuando denuncia que: *muchos autores equiparan con todo convencimiento la genética conductista con la eugenesia,*[61] *como si estudiar los correlatos genéticos de la conducta fuera lo mismo que coaccionar a las personas en su decisión de tener hijos. Muchos equiparan la psicología evolutiva con el darwinismo social, como si el hecho de estudiar nuestras raíces evolutivas fuera lo mismo que justificar la condición de los pobres. Las confusiones no sólo proceden de personas científicamente analfabetas, sino que se pueden encontrar en publicaciones prestigiosas, como Scientific American y Science.* Esto lo escribía hace tres lustros. Hoy, nadie hace esas equiparaciones, al menos que yo sepa. Puede decirse que las posturas de los científicos sociales tachados de *radicales,* y los sociobiólogos más o menos *reduccionistas,* se han sido aproximando, cada uno desde su campo específico, en base a considerar que el ser humano sea el único animal capaz de crear y trasmitir *cultura,* y que esa *capacidad* depende de un cerebro evolutivamente desarrollado.

Nada que objetar, sino todo lo contrario, a la afirmación de Pinker de que: *en el estudio de los seres humanos existen unas esferas de la experiencia humana -la belleza, la maternidad, la fraternidad, la moral, la cooperación, la sexualidad, la violencia- en las que la psicología evolutiva ofrece la única teoría coherente y ha generado apasionantes áreas nuevas de investigación empírica.* Mucho menos cuando añade: *La genética conductual ha revitalizado el estudio de la personalidad y, con la aplicación de los conocimientos del Proyecto Genoma Humano, no hará sino extenderse aún más. La neurociencia cognitiva no dudará en aplicar sus nuevas herramientas a todos los aspectos de la mente y la conducta, incluidos aquellos de carácter más emocional y político.* En primer lugar porque el propio concepto de *genética conductual* contiene una dosis de reduccionismo carente de base científica. Como veremos más adelante, la *conducta humana* no puede reducirse, ni mucho ni poco, a la *genética,* precisamente porque es su *dimensión cultural* lo que la hace *humana.* No hay una correspondencia entre *genes* y *conducta* humana, sino una base genética que posibilita la conducta, como todo *funcionamiento* humano, y explican las *patologías* de la conducta por trastornos del desarrollo cerebral, como ocurre con el autismo (en realidad, *espectro* autista). Pero incluso en estos casos, no desaparece la dimensión *cultural,* aunque esté muy condicionada. Lo que abre una oportunidad a la mejora o curación.[62] Los genes nos construyen, ¡por supuesto!, entre otros órganos el cerebro, dotado de una capacidad asombrosa: crear *cultura* al tiempo que desarrolla sus funciones. Tan asombrosa, que desde las primeras interacciones del bebé con su entorno social adquieren esa dimensión *cultural* que irá desarrollándose mediante el aprendizaje y las propias experiencias emocionales. Los primeros gestos que ejecuta, al igual que sus vocalizaciones, llanto o sonrisa, responden al placer que experimenta ante personas cuya presencia reconoce. Constituyen una manifestación natural de sus *emociones*. El bebé, aún antes de que aparezca el *signo*, adquiere la posibilidad de comunicarse al descubrir que los simples reflejos que lo llevan a exteriorizarse en gritos o en muecas producen una reacción en su *ambiente* humano circundante. Lo que el niño desarrolla es una *semántica social*, un potencial de *significado* vinculado a una serie particular de funciones *sociales* primarias.

En cuanto a lo de que la *neurociencia cognitiva* pueda aplicarse a lo *político,* resulta, aunque no sea la intención de Pinker, cuanto menos alarmante. No digo peligroso porque resulta sencillamente una *quimera*. El *sueño* de los neurólogos cognitivos produce *monstruos*.

Lo importante es que todos estos campos de estudio no explican los contenidos *culturales,* que son motivo de estudio de otras ciencias. No digamos la evolución de las sociedades humanas. Aunque doten de sólidos argumentos a la teoría marxista para escándalo de los científicos *liberales*. No importa, porque para Pinker y compañía, dicha evolución no existe; y si existe, ya ha llegado a su fin con el capitalismo liberal-democrático. Nada sorprendente, porque en las *conclusiones* de las ciencias humanas, y muy particularmente en la teoría de la *naturaleza humana,* subyace una *ideología*. Sin ir más lejos, la que le sirvió el ingeniero, filósofo positivista, biólogo y sociólogo inglés Herbert Spencer (1820 - 1903) para describir la sociedad de principios del siglo XIX, donde aplica su concepto de *darwinismo social,*[63] del que huye como la peste Pinker, pero en el que termina cayendo. Tesis refutadas contundentemente por el mencionado paleontólogo y biólogo evolutivo estadounidense Stephen Jay Gould (1941 - 2002).[64] Hay que señalar que Gould, un sociobiólogo tan influyente como controvertido, no se opone a la variación biológica y su influencia, sino al burdo *determinismo* biológico de pensadores poco rigurosos como los autores de *The Bell Curve*, y su afirmación de que las diferencias socioeconómicas entre grupos humanos (razas, clases y sexos) se originan en variaciones *innatas* heredadas; y que, en ese sentido, la sociedad es un fiel reflejo de lo biológico.[65] Gould basó su ataque en una crítica demoledora al constructo *inteligencia,* y a los métodos de medirla mediante el Coeficiente Intelectual (IQ por su siglas en inglés), así como a las implicaciones que ambos autores extraen, argumentando que el IQ es un artefacto fuertemente influido por prejuicios tanto raciales como sociales, por no hablar de lo discutible de las técnicas de su medida. Por lo tanto, cualquier conclusión derivada de el IQ es invalida, especialmente la noción -que algunos basan en esos estudios- de que los genes determinan el *destino* individual. Hoy parece claro que existe una abusiva y tendenciosa utilización de la estadística por ciertos genetistas. No digamos de la interpretación *genética* de cuestiones sociales que hacen algunos sociobiológos. Demasiadas veces se olvida que, en tanto no seamos capaces de cuantificar la *incertidumbre* presente en nuestras investigaciones (y en los *test de inteligencia* es muy elevada), es imposible hacerse una idea de lo correctas que resultan. La *incertidumbre* es inseparable del proceso de llegar a conocer lo que no se sabe. Por no hablar de sus implicaciones que una concepción de IQ como método para valorar las capacidades cognoscitivas ha tenido y tiene. La complejidad y el *ruido* que impregnan a todo nexo causal generan una bruma de *incertidumbre*. Bruma que la ideología se cuida mucho de que no se despeje mediante recursos del tipo *naturaleza humana, universales innatos,* o *heredabilidad* de la inteligencia, que veremos más adelante. Todo con tal que no se sepa, ni siquiera se vislumbre, el *nexo causal* de las crisis, la pobreza, la desigualdad, la injusticia y la opresión, con el sistema capitalista. Por cierto, una política basada en la *incertidumbre* es la única que puede plantearse *científicamente* actuar sobre la realidad social. El *doctrinarismo* solo produce errores y sufrimiento, aun cuando pueda fortalecer la voluntad y el ánimo de los adoctrinados: yihadistas que esperan alcanzar el paraíso; revolucionarios que tratan de crearlo incluso contra sus supuestos beneficiarios.

Como decía Einstein con el sentido de la ironía que le caracterizaba, *de haber sabido lo que estábamos haciendo no lo habríamos llamado investigación.*

El coeficiente intelectual como pretexto.

Detengámonos un rato en una de las más aberrantes manifestaciones de *darwinismo social*, disfrazado de estudio *estadístico* científico, como es la cuestión de la determinación *genética* de la *inteligencia*. Parte de un supuesto evidente: el genoma determina la *formación* cerebral, y lógicamente tiene una influencia en las capacidades *innatas* de cada individuo para percibir, actuar, aprender y recordar. A cada *fenotipo* le correspondería una *capacidad* diferente para desarrollar su *inteligencia*. La cosa adquiere tintes preocupantes cuando se parte de la idea *reduccionista* de una supuesta *determinación genética* (en mayor o menor medida, no se trata de una cuestión *cuantitativa)* de la *inteligencia*. Es decir, de un hecho científico se infiere una cuestión *ideológica,* mediante un *baile* de conceptos, un *juego* de palabras, ciencia *novelada* en el mejor de los casos, como hace Pinker.

Veamos: en primer lugar no se *nace* con *inteligencia*, sino con *capacidad* intelectual. Esta, obviamente, nunca será idéntica, debido a la *variabilidad* genética.[66] Pero al tratarse de una *potencialidad,* cuyo desarrollo va a depender de múltiples factores *ambientales,* resulta obsceno hablar de otros aspectos de la *variabilidad* humana como la raza, sexo, o cualquier otro concepto similar. La *inteligencia*, que deberíamos definir con más rigor que un test IQ, es una manifestación de nuestra capacidad *cognoscitiva* que no puede generalizarse. En realidad, habría que hablar de *inteligencias*. Porque se puede ser muy *inteligente* para las matemáticas y mucho menos para historia, no digamos para el arte. La *inteligencia* de un explorador es distinta de la de un matemático, la de un artista de la de un científico. Para el neuropsicólogo norteamericano Howard Gardner (Scranton, 1943) profesor de la Universidad de Harvard, Premio Príncipe de Asturias de Ciencias Sociales 2011, y creador de la teoría de las *inteligencias múltiples*, existen ocho tipos de inteligencia: lógica, lingüística, corporal, musical, espacial, naturalista, interpersonal, intrapersonal.[67]

Pero, suponiendo la existencia de una sola *inteligencia,* la dificultad de medirla hace que sea prácticamente imposible. Recordemos la célebre pregunta del matemático Benoit Mandelbrot (1924 - 2010), padre de los *fractales*: *¿Qué longitud tiene la costa de Gran Bretaña?*. Una pregunta aparentemente sencilla, que debía permitir una respuesta fácil. Sin embargo, como bien observó Mandelbrot, la longitud del litoral británico depende del instrumento que se utilice para realizar la medición, lo que se mida, y la precisión con que se haga. Si optamos por trazar una serie de líneas capaces de ceñirse aproximadamente a la costa que aparece dibujada sobre un mapa de navegación, por ejemplo, obtendremos una cifra valida para calcular singladuras. Pero si acercamos más el punto de vista y tratamos de medir los auténticos recovecos de cada ensenada y cada bahía, las curvas que describe cada guijarro y cada grano de arena, llegaríamos a una longitud muy diferente. Y dado que no hay dos mareas *exactamente* iguales, las mediciones tendrían que reajustarse al menos cuatro veces al día. Lo mismo vale para los test de inteligencia. Según el tipo, numero, orden, sentido y dificultad, los resultados serán muy distintos. Más si lo que tratamos de cuantificar es algo no solo difuso, *desdibujado*, sino cambiante. Si Mandelbrot señalaba la imposibilidad de una medida exacta de la costa de Gran Bretaña, podemos suponer la dificultad para medir la inteligencia, mas allá de un burdo diseño, valido a lo sumo para establecer ciertas formas de *déficit cognoscitivo*, o descubrir una gran capacidad analítico-deductiva de un estudiante de primaria. Pero esos son extremos de un inmenso campo donde se ubica la inmensa mayoría de la población. Y hablando de *fractales,* incluso en Internet los plazos de transmisión de paquetes de datos como la topología de la red incluso la información circulante, muestran propiedades *fractales*. El carácter *fractal* constituye también una *peculiaridad* de las redes biológicas, incluidas las neuronales.

Los partidarios del IQ confunden *base genética* (por ejemplo, un cerebro con el área del procesamiento verbal mayor) con *desarrollo intelectual,* que es fruto del *aprendizaje*. Es más, todos los intentos de vincular inteligencia y genes han fracasado, como no podía ser menos. Sternberg, Grigorenko y Kidd han constatado que no hay pruebas de la existencia concreta de ningún gen vinculado a la inteligencia.[68] Y no puede estarlo, porque en la configuración de las estructuras cerebrales responsables de lo que llamamos *inteligencia* intervienen varios cientos, si no miles, de genes interactuando entre ellos y con el *ambiente*, en combinaciones prácticamente infinitas. En eso estriba la increíble e inconmensurable potencia *cognoscitiva* y de *ideación* del cerebro humano. El psicólogo cognitivo, profesor de la Universidad de Michigan y codirector del programa Cultura y Conocimiento Richard Nisbett (Littlefield, 1941), junto a otros investigadores, ha constatado que no existen polimorfismos genéticos asociados de forma consistente con la variación en el coeficiente intelectual, en personas sanas.[69] Las variantes genéticas que intervienen en la actividad *inteligente* son muy pequeñas, por debajo de un 1% (claro que esto es para Pinker más que suficiente). Por supuesto, la *neurología cognoscitiva* sigue investigando, y por eso se han llegado a proponer varios genes candidatos que pudieran tener una relación con la *inteligencia* (más bien habría que decir con la *capacidad* intelectual). Una posterior revisión, en 2009, de los genes candidatos para explicar las diferencias en la inteligencia, realizada por Deary, Johnson & Houlihan, no pudo encontrar evidencia alguna de dicha asociación.[70] A su vez, el psicólogo estadounidense especializado en el estudio de la inteligencia humana y artificial, Earl Hunt (San Francisco, 1933),[71] y el psicólogo experimental británico, especializado en inteligencia, psicometría y aprendizaje animal, Mackintosh, se muestran de acuerdo en que, si bien se ha demostrado que varios factores *ambientales* influyen en la brecha de coeficiente intelectual, la evidencia de una influencia genética ha sido circunstancial y, según Mackintosh,[72] insignificante. Mucho ruido *ideológico* con el IQ y pocas nueces empíricas. Cuestiones como la *inevitabilidad genética* y el *determinismo genético,* un nefasto *doble malvado,* han conseguido arraigar en la *caja de herramientas* cognitiva de algunos estudiosos de la conducta humana, con una larga serie de consecuencias negativas. Por eso afirmo: ¡a la basura el determinismo genético!.

Tal vez por eso, Pinker tiene una postura científicamente más prudente: *Esto no significa que se espere que existan tales diferencias genéticas ni que tengamos pruebas de ellas; sólo que son biológicamente posibles. (Mi opinión, dicho sea de paso, es que en el caso de la diferencia racial más debatida -la del coeficiente intelectual entre blancos y negros estadounidenses-, las prue-*

bas actuales no apuntan a una explicación genética.
Pero de sus palabras puede deducirse que no parece importarle mucho si alguna vez se consiguen las *pruebas*. Debería extraer alguna lección del peligroso juego con los IQ. El movimiento eugenésico en los EE.UU. de los años 20 del siglo pasado utilizó los test de inteligencia para *diagnosticar* el retraso mental. Como resultado, miles de mujeres estadounidenses (afroamericanas pobres en su mayoría), fueron esterilizadas a la fuerza en función de sus puntuaciones de IQ, a menudo sin su conocimiento. Sin irse tan lejos, Antonio Vallejo-Nájera, jefe de los Servicios Psiquiátricos Militares de la dictadura franquista, halló una *explicación* médica a la *tara ideológica del marxismo*: la inferioridad mental. Tras realizar estudios con grupos de brigadistas internacionales y presas malagueñas de 1939, afirmaba en el libro *La locura en la guerra. Psicopatología de la guerra española* (Valladolid. Librería Santarén, 1939), que había una íntima relación entre marxismo e inferioridad mental. Aberraciones aparte, lo cierto es que si a niños de 1997 les hubieran hecho hacer el test de inteligencia que se aplicaba en 1932, habrían sacado una puntuación de 120. Y al revés, si los niños de 1932 hubieran podido hacer el test actual, su media habría sido de 80, y una cuarta parte de ellos habrían sido clasificados con deficiencia mental. Así lo demuestran numerosas investigaciones que estudian el llamado *efecto Flynn*, que afirma que el cociente intelectual está subiendo año tras año. Los expertos explican este incremento, entre otros factores, por la importante estimulación visual que tienen las generaciones actuales y por la cultura tecnológica (táblets, teléfonos inteligentes, ordenadores, videojuegos), que ha propiciado otra manera de resolver problemas. *En el último medio siglo, el IQ de la población ha subido de forma espectacular, lo que demuestra que no es cuestión de genes* −asegura Julio Pérez Díaz, investigador del Instituto de Economía,

Geografía y Demografía del CSIC –. El IQ refleja lo que uno *aprende*, no es nada *innato*. Hay una gran flexibilidad del ser humano y de su cerebro, en relación con su contexto natural y social.

El coeficiente de inteligencia es una especie de *escala de longitud* pensada para cuantificar la capacidad de análisis de la mente humana, resultado de una actitud *pragmamórfica*, abstracción taquigráfica ideada por el profesor de la Universidad de Columbia, Emanuel Derman, que permite asignar las propiedades de los objetos inanimados a los seres humanos, como considerar, por ejemplo, que los resultados de una tomografía por emisión de positrones del cerebro son equivalentes a las emociones. Lo cierto es que la inteligencia constituye una realidad más *difusa* que lineal, por lo que el IQ no demuestra nada relevante, salvo deficiencias cognoscitivas de origen genético.

Las diferencias genéticas que afectan a la estructura cerebral existen indudablemente (no hay dos personas genéticamente absolutamente iguales, tal vez ni siquiera los gemelos univitelinos monocigóticos),[73] pero no tienen nada que ver con la raza ni el sexo. Y su influencia en el *desarrollo intelectual*, que es *cultural* como hemos visto, es tan pequeña e insignificante, que debe ser descartada. Salvo en los casos extremos, desde los *niños prodigio*, hasta las *alteraciones cromosómicas*, como autismo, retraso mental y del desarrollo, malformaciones congénitas, y *desórdenes neurológicos*, como alzhéimer o párkinson.

Lo que llamamos *inteligencia* existe gracias al trabajo conjunto de un enorme número de pequeños elementos operando de forma independiente pero coordinada, las *neuronas*, produciendo además la ilusión de corresponder a una única experiencia singular. A su vez, la *inteligencia* se forja en el *aprendizaje*. Por eso nos diferenciamos fundamentalmente (rasgos físicos aparte, cuya importancia salvo en el deporte es dada vez *culturalmente* menor), por nuestra *cultura*. Seguramente nacemos con una configuración en la que pequeñas diferencias del genoma (fenotipo) nos capaciten y predispongan para ciertas actividades culturales mejor que para otras, sin que en las sociedades humanas esto tenga *estadísticamente* un significado evolutivo. En determinadas circunstancias, una *inteligencia* estratégica bélica puede ser más importante para la supervivencia que una *inteligencia* filosófica y científica, y en otras sociedades y circunstancias puede ocurrir al contrario. Basta un vistazo a la historia.

El cerebro es capaz de crear analogías y modelos que *aparentan* la presencia de objetos reales y concretos del mundo. Y, a su vez, es capaz de extraer *relaciones causales* gracias a su capacidad de *abstracción*, que elimina la particularidad del objeto para *computarizar* y *generalizar* su realidad. Pero de ahí a pensar que el cerebro puede generar ideas porque ambos, cerebro e ideas, son *distintos* y autónomos, hay un abismo que nos puede precipitar en el moderno *espiritismo,* en sus diversas formas, desde el psicoanálisis hasta el Diseño Inteligente, pasando por la nuevas religiones biodinámicas (ecologismo + superstición) y astrales, o el *neobudismo* occidental (Buda no hablaba de *mas allá* ni de *alma.* Simplemente ignoraba todo lo referente a las religiones, una ilusión mas. En ese sentido resulta *liberador*)

El *reduccionismo* genético de la *inteligencia,* radical y moderado, es un disparate que hoy en día no sostiene nadie científicamente. Como tampoco el absurdo concepto de *Tabla Rasa* o *Pagina en blanco,* que *alguien* tuvo que empezar a escribir alguna vez. Estas aberraciones *científicas,* propuestas sin embargo por científicos de reconocida valía, no son más que manifestaciones de la carga *ideológica* de todo estudio que afecte al ser humano. Hasta hace bien poco un *cuerpo* con *alma*, o el *Fantasma en la Máquina*; hoy, el supuesto *final de la historia,* alcanzado por un sistema social cada vez más controvertido, el capitalismo.

Todas las especies albergan *variabilidad* genética, ya que selección natural solo puede producirse si hay *variación*, lo que supone que los descendientes, pese a tener muchos caracteres en común con sus padres, nunca son idénticos a ellos. La selección natural actúa sobre esa *variación* favoreciendo a los individuos que tienen posibilidades de ser más capaces de sobrevivir y prosperar, por lo que dejan más descendencia tras sí. Es así en términos generales, pero el *Homo sapiens* es la especie que alberga la menor *variabilidad* genética y sobre la que se ejerce la selección no exclusivamente mediante las condiciones *medioambientales*, sino, y esa es la novedad evolutiva, en el *ecosistema social* creado por él mismo.

La *variabilidad* fundamental en los humanos trasciende lo meramente *biológico*, aun que no lo anula, para hacerse *cultural*. Y se *materializa* en los distintos sistemas sociales, fruto, por tanto, de un nuevo tipo de *evolución*, la *social, con* sus leyes y mecanismos propios. Nadie nace genéticamente destinado a ser empresario, obrero, profesor o artista. Puede serlo por herencia económica, por estatus social, o por méritos propios. En todos los casos influirá, sin ninguna duda, la dotación genética particular, el *fenotipo*, que más allá de los aspectos físicos se manifiesta en la potencial capacidad cognitiva. Pero su despliegue y desarrollo es *cultural*, incluso en lo que pueda verse afectado negativamente por influencias *ambientales*. Está demostrado que una mala o deficiente alimentación en edades tempranas, cuando el cerebro está en rápido crecimiento, retrasa o dificulta el desarrollo intelectual.[74] Lo mismo que la exposición a sustancias tóxicas puede tener una influencia negativa en el desarrollo cerebral. Por eso, el *sueño americano* (o su versión china: la mitad de los millonarios del planeta salidos de la *nada,* pero amparados por la jerarquía del *partido,* proceden de la República Popular) es *estadísticamente* una falacia liberal conservadora (existen liberales menos ingenuos), alimentada por los pocos casos concretos en que tal *ascenso social* se realiza. Olvidar, o menospreciar, la dimensión *sociocultural* del desarrollo *intelectual* humano pudo haber tenido sentido metodológico en genética *pura*. Pero hoy, los genes ha perdido su carácter *determinista*. Sabemos que su *expresión* conforma un sistema *dinámico* y *abierto,* sometido a la influencia de numerosos factores *internos* y *ambientales,* incluido el *cultural.* Y cuanto más se profundiza mayor es la complejidad que se descubre. Recuerda a lo que ha ocurrido con el estudio del átomo y las partículas subatómicas.

La psicología evolutiva que no considera los aspectos *culturales* ni es psicología (científica) ni es evolutiva. Una forma *materialista* de superstición. Lo mismo que una psicología exclusivamente *cultural,* como el psicoanálisis, es literatura (bastante buena en el caso de Freud, de ahí que se haya incorporado al acerbo de la cultura popular) y no ciencia.[75]

Lo que nos define como *especie* es tanto una *morfología*, una *fisiología*, como una *capacidad cognoscitiva* capaz de crear *cultura*, que es la principal dimensión de la llamada *naturaleza humana*. Y ahí es donde surgen los problemas. Lo asombroso y difícil de captar en su inmensa complejidad de esta *capacidad intelectual*, ¡que por tenerla podemos comprenderla!, ha propiciado distintas explicaciones: desde la intervención exterior de un Creador o un ¡extraterrestre!, hasta las filosofías *idealistas* basadas en la dualidad *cuerpo-alma,* para terminar en propuestas tan *científicas* como el *Diseño Inteligente*, la *Tabla Rasa* o el *Fantasma en la Máquina*.

Como señala Richard Lewontin, estudioso de las bases matemáticas de la genética, junto con Steven Rose, Leon J. Kamin, *la única cosa sensata que se puede señalar de la naturaleza humana es que está en esta naturaleza el construir su propia historia.*[76] Que de esto Pinker deduzca que otras propuestas, como su genetista concepto de *naturaleza humana,* sean insensatas es una manifestación más de su gusto por la polémica. Porque las conductas *innatas humanas,* salvo los actos involuntarios dirigidos por el llamado *cerebro reptiliano,* son *culturales.* En la especie humana no se puede separar lo *innato* de lo *cultural,* como en el electrón el corpúsculo de la onda. Es evidente que una conducta *antisocial* (uno de los conceptos *culturales* más eficaces para la defensa del sistema capitalista, por cierto) puede tener cierto componente genético que afecte, por ejemplo, al área cerebral de la *empatía.*[77] Pero aún así no deja de tener una dimensión *volitiva cultural.* También puede ser fruto de una opción *cultural* que rechaza el sistema social, como el anarquismo violento. Nada en el ser humano es ajeno a la *cultura,* incluso la propia actividad neuronal. Los niños están genéticamente capacitados para el *lenguaje,* pero solo lo hacen si escuchan a un adulto o ven gesticular a familiares sordos.[78] La dicotomía *innatismo-culturalismo* es falsa.

Golpeando con la Tabla Rasa.

Dentro del mismo juego de obviedades y falsos problemas, Pinker afirma: *La doctrina de la Tabla Rasa podría parecerles verosímil a algunos de los intelectuales que viven en un mundo de ideas incorpóreas. Pero ¿es posible que los cerebritos testarudos que viven en un*

89

mundo mecanicista de neuronas y genes piensen de verdad que la psique penetra en el cerebro desde la cultura que le rodea?.

Una buena colección de preguntas retóricas de carácter sarcástico. ¿Hay ideas *corpóreas?*. Salvo que se refiera a las ideas transcritas en un libro, una imagen, o un sonido, la frase no tiene sentido. Lo mismo que la imagen de una psique pugnando por introducirse cerebro. ¿Qué trata de decirnos Pinker con tan grotescas preguntas? Al parecer, que las *ideas* y la *psique* son *producto* del cerebro, con vida propia, aunque *genéticamente* condicionada, y no la *propia* actividad cerebral superior. Se mueve en un dualismo tan disparatado como si un físico cuántico propusiera que la onda es un producto, ¿corpóreo?, separado del corpúsculo. Que un electrón se comporte unas veces como una onda y otras como un corpúsculo no significa que este formado por dos entidades materiales distintas. Son dimensiones de una misma e inseparable *materialidad*. Igualmente, el *pensamiento* o la *idea* no es un *producto* de la actividad neuronal del cerebro humano, sino la forma (*mapa, red, tapiz*) concreta y específica de dicha actividad.

Pinker se empeña en afirmar que Lewontin y los demás biólogos *marxistas* defienden la *Tabla Rasa* !aunque estos lo nieguen!. No parece muy honesto poner en boca del adversario lo que tu quieres que diga. Eso hace que su campaña contra la *Tabla Rasa*, iniciada en 2002 con la publicación de su famosos libro hace 13 años que es todo un mundo en neurología, y justa en muchos aspectos, parezca un simple pretexto cuyo objetivo, sinceramente, se me escapa. Con la misma falta de honestidad podría decirse que Pinker y compañía sostienen ideas del mas burdo sociobiologismo... aunque lo nieguen. Que el ser humano es el único animal capaz de crearse un futuro, o para decirlo con palabras del denostado Rose, el único con *capacidad de construir nuestro propio futuro*, es tan obvio que no se entiende la razón de negarlo o relativizarlo. Salvo el inexplicable santo temor a que se ponga en cuestión la existencia de la *naturaleza humana*. Por eso, Pinker, que llama *doctrinario* a Rose, lo que no deja de ser una postura política, pese a que pretende situarse *más allá* de la política, da la impresión de estar peleando con su sombra.

Ninguna manipulación genética y cerebral puede convertir un analfabeto en Shakespeare, pese a tener una *circuitería* bastante similar. Por contra el proceso inverso es posible. Tal vez no en un analfabeto, pero si en un idiota. ¿No es suficiente para zanjar con una polémica impropia de científicos serios?. Tal vez lo que subyace, y explica en cierta medida tanto ruido y manipulación, es un lucha ideológica bastante ramplona entre *marxistas* y *liberales*. Me parece vislumbrar, tras tanta argumentación contra enemigos *ad hoc* la visión de que "*somos lo único que podemos ser*", dentro de un número limitado (genéticamente) de opciones. Fin de la historia.

Para la concepción capitalista liberal, en la naturaleza humana está ser egoísta, y el egoísmo se convierte en un factor positivo y de progreso gracias a la *mano invisible* del mercado. Los revolucionarios son unos (peligrosos) ilusos que desconocen la verdadera naturaleza humana. Pero ocurre que el egoísmo, como la solidaridad, no son en el ser humano instintos animales ciegos, sino conductas sociales, *culturales* por tanto. Se es *egoísta* frente a otros y *solidario* con otros. Son fenómenos *culturales* pese a su dimensión biológica. Una vez más, quiero insistir en que el cerebro humano es biología cultural, esa es la verdadera naturaleza humana. La separación, el dualismo, puede tener sentido metodológico a la hora del estudio, pero es imposible de efectuar en la realidad. Si eliminamos la dimensión *cultural* de la actividad cerebral perdemos la dimensión *humana*, el resultado aún con apariencia humana y rasgos humanos y morfología humana, no sería humano, y no en el sentido moral, sino evolucionista. Tal persona sería *inviable*. Desgraciadamente, existen por efecto de accidentes, tumores o malformaciones congénitas, suficientes casos clínicos que lo demuestran. Lo verdaderamente peligroso no es la manipulación genética, que puede tener sentido frente a ciertas enfermedades hereditarias, sino la manipulación *cultural* que hace que un ser *normal* se convierte en un genocida como trágicamente demostró el nazismo.

Aprender e interpretar, investigar y formular hipótesis, especular y experimentar, deducir y formular pronósticos, la curiosidad innata que se transforma en necesidad de comprender y explicar/se. Incluso cuando inventa dioses lo que busca es una explicación y consuelo. Todas estas capacidades intelectuales que permiten la creación humana de la *cultura*, prever y planificar, son fruto de la evolución biológica actuando en el medio natural pero también en un entorno social. En ese sentido todos los humanos son capaces de crear y recibir *cultura* (incluso cuando leemos en soledad seguimos inmersos en un entorno social) Todos los niños pueden aprender a hablar simplemente escuchando a sus mayores en cualquier lengua, pero para escribir y leer tienen que ser enseñados.

Ahora bien, es cierto como sostiene Pinker, que la *Tabla Rasa* es una forma evolucionada de la teoría *creacionista*, que no se sostiene empíricamente. De ser cierta, habría que explicar de dónde surge el primer *escribidor*. Humano no puede ser, porque el mismo es una *Tabla Rasa, ergo...* tuvo que ser una inspirada *musa*, por decirlo poéticamente. La cuestión, por tanto, parece estribar en establecer cuánto nos *determina* (versión dura) o *condiciona* (blanda) el genoma una vez admitido que somos *genes* mas *cultura*. O, como dice Pinker, *la cultura se puede entender como una parte del fenotipo humano*. ¡Una parte! ¿En qué proporción?. ¿Un 30% los genes y un 70% la *cultura*?. ¿Un 10% y un 90%?. ¿Tal vez un 50-50?... ¿Son porcentajes iguales para todos los humanos? ¿La *variabilidad* genética aumenta o reduce el porcentaje *cultural*? ¿Lo hace en la misma proporción en todos los casos? Y si no lo hace, ¿cuáles son las causas? ¿El porcentaje de la *cultura* se refiere a su totalidad o aspectos concretos *culturales*? Y de ser así, ¿cambian o permanecen inmutables? Y si cambian ¿por qué y cómo lo hacen? ¿Cómo se reflejan estos cambios en el *fenotipo*? ¿Habría, entonces, personas con distintos porcentajes de cada elemento definitorio?... Podría seguir haciendo preguntas *ad infinitum*, pero tal vez lo único que consiga sea demostrar que la curiosidad, esta si, es un *Universal innato*. Aunque no solo de los humanos, como demuestra la etología. La diferencia es que en el *Homo sapiens* se resuelve en construcciones *culturales*. No creo que los genetistas se dediquen a buscar un *gen* detrás de cada supuesto o real *Universal innato*.

La obsesión de Pinker por los porcentajes alcanza niveles inesperados cuando habla de las *Tres Leyes* (genética de la conducta), enunciadas por Eric Turkheimer,[79] profesor de psicología de la Universidad de Virginia, EE.UU. Un *resumen práctico de las tres leyes es el siguiente: los genes, el 50%; el medio compartido, el 0%; el medio exclusivo, el 50% (o si uno desea ser generoso: los genes, el 40-50%; el medio compartido, el 0-10%; el medio exclusivo, el 50%).*

Resulta risible, si no fuera indecente, esta manía de hallar proporciones entre *genes* y *ambiente* en la conducta humana, la inteligencia y otros considerandos *culturales*. ¿Seguro que no es un 45,5/55,5? ¿Por qué no un

36,7/63,3, o cualquier otra proporción? ¿Qué rigor científico tiene la fórmula por la que se establecen estas relaciones? Puede parecer una caricatura, y lo es, pero que no se desprecien los decimales. Al fin y al cabo para la *heredabilidad* de la inteligencia se admite un 0,25, con una asombrosa precisión. Entiendo que, como *idea general* de que los genes *influyen* en la conducta, expuesta en un libro de divulgación puede valer. Pero utilizar este baile de porcentajes como argumento riguroso resulta poco apropiado, por decirlo suavemente. Y mas si hablamos de *leyes*, palabra que un científico jamás debe usar en vano. Pero Pinker escamotea el verdadero problema, y realiza un peculiar *cuento de la lechera*.

Pero es que el valor de la *heredabilidad* puede variar debido a que depende de todos los factores que influyen en la *varianza fenotípica* y, por lo tanto, el más mínimo cambio en alguno de estos factores afectará a la *heredabilidad*. Como señalan J. A. López Cerezo y J. L. Luján López supongamos *que calculamos la heredabilidad de cierto rasgo en una población con unas circunstancias ambientales dadas. Si cambian dichas circunstancias ambientales puede ocurrir que cambie también, por ejemplo, la magnitud de lo interacción entre los genotipos y el ambiente. En tal caso cambiarla la varianza fenotípica, como también cambiaría la parte de ésta que es atribuible a la varianza genética, a la varianza ambiental o a la varianza debida a interacción. La heredabilidad no dice nada más que la cantidad de variación genética que hay para cierto rasgo en un momento dado y en una población concreta.*[80]

Tal vez consciente de que las *Tres Leyes* son insuficientes para su batalla contra los *radicales* empeñados en cambiar la sociedad, Pinker convoca en su ayuda a los *genetistas conductuales*. Pero esta rama de la genética lo que estudia es la influencia de los genes en los *trastornos* de conducta, hasta ahora recinto sagrado de la psicología, aunque tratados clínicamente por los psiquiatras, menos dados a la fantasías de una disciplina propensa a ello, que en cuanto a *fantasías* no hay quien les gane. Es una rama importante de la genética clínica, pero resulta abusivo extrapolarla a la conducta en general, que siempre es una respuesta indisolublemente ligada a la *cultura*. Hacerlo nos lleva, como hemos visto, a un juego de porcentajes tan inútil como perverso.

Los *genes* actúan a través de intermediarios fisiológicos (neuronas, neurotransmisores, etc.). Una proteína (cuya información viene incluida en un *gen*) no explica por sí misma una conducta. El ambiente actúa sobre los intermediarios fisiológicos, de modo que siempre hay un factor ambiental en la *conducta*. Hoy nadie en su sano juicio niega que es necesario no perder nunca de vista la dimensión *social* y *cultural* a la hora de estudiar la conducta humana y su infinita *variabilidad*. La diferencia entre un chimpancé, y su *variabilidad* genética, y un humano con la suya, es que el segundo es capaz de generar una *cultura* (sistema de ideas y valores que nacen de la capacidad del cerebro humano para realizar procesos mentales lógicos, de abstracción, inducción, deducción, etc.). *Cultura* capaz de modular, potenciar, reprimir, incluso anular el efecto *innato* (en ese sentido *irracional*) de sus impulsos emocionales primarios. La ira, por ejemplo, es una respuesta evolutiva común a los grandes simios, pero la forma en que puede manifestarse esa ira tiene una dimensión *cultural* superior y nueva en los humanos. Es plausible pensar que la diferencia genética entre la capacidad o no de elaborar ese tipo de *cultura* se encuentre en el gen FOXP2, relacionado con el habla, que solo está activo en nuestra especie. A partir de esa nueva capacidad de lenguaje oral, surge la capacidad de elaborar, compartir y trasmitir ideas, conceptos, propuestas, proyectos, dudas y certezas, descubrimientos, habilidades, etc. y establecer pautas de conducta *social* con carácter *normativo,* capaces de reajustarse y cambiar por exigencias de la evolución de la sociedad. La evolución biológica, en su azaroso juego de oportunidades para la supervivencia y la reproducción, hizo que, hace aproximadamente 6 millones de años, una rama del antepasado común con los chimpancés, un gen inactivo hasta entonces, tal vez porque ese antepasado no tenia la capacidad para andar erguido y liberar sus manos para tareas más complejas, se activara dotando al cerebro del *homo* de lenguaje. El cambio en la actividad de una parte del genoma común dio origen a la *humanización* de una rama de los grandes simios, desencadenando el proceso que llamamos *civilización*. Otros *homo* se quedaron por el camino, como los neandertales, que, sin embargo, todavía perduran en nuestro ADN, aunque sea en pequeña medida y no en todas las poblaciones. Por supuesto, las cosas no fueron tan sencillas, porque la mayor parte de los efectos son tanto *poligénicos*, producidos por la interacción de muchos genes, como *multifactoriales*, fruto de la interacción de varias influencias *genéticas* y *ambientales.*

Pinker podía haber recurrido al famoso experimento de *los niños y los dulces* realizado a finales de la década de los 60 del siglo pasado por el psicólogo Walter Mischel (Viena, 1930). Resumido consintió en los siguiente: reunió a un grupo de niños en una pequeña habitación con pupitres, encima de los cuales había colocado unas golosinas. Les dijo que podían comer alguna golosina, pero que a los esperaran a que volviera sin comer ninguna, les daría doble ración a los que lo hicieran. En la mayoría de los casos los niños esperaron, pero cuando el experimento alcanzó el centenar de niños Mischel pudo observar a partir de los 30 segundos, muchos sucumbían. Los que no lo hacían invariablemente utilizaban una misma estrategia para aguantar las ganas de comerse la golosina que denominó *asignación estratégica de la atención*: cantar una canción de *Barrio Sésamo*, atarse los zapatos, taparse los ojos, esconderse debajo del pupitre, o intentar echar una cabezadita. Es decir, buscaban la manera de *apartar sus pensamientos de las exquisiteces que tenían delante*. El experimento demuestra que de existir algo *innato* en los niños era el *deseo inmediato* de *gratificación*. Pero que también eran capaces de *modularlo* mediante lo que podríamos llamar *maximización del beneficio* (recompensa). Claro que se puede objetar que esa misma búsqueda de *recompensa* es *innata*. En ese caso estaríamos ante una lucha de *innatismos* dentro de cada niño, cuyo desenlace o esta *genéticamente* determinado, o será consecuencia de una *evaluación* de la recompensa y el sacrificio. Es decir, se trata de una decisión *cultural*. Por no hablar del *condicionante ambiental*: un niño hambriento responderá de manera completamente distinta a uno saciado, sean cualesquiera que sean sus *innatismos*. En realidad, la estrategia de los *aguantadores* era bien simple, aunque difícil de llevar a la practica, *olvidarse* del dulce. No vencían al *deseo*, se limitaban simplemente a *olvidarlo*.

En realidad, la formula *genes + cultura* puede resultar muy atractiva, pero no explica mucho, y desde luego no lo fundamental. Por ejemplo, una persona puede actuar en contra de su interés más elemental como es el de supervivencia y poner en riesgo su vida por valores *culturales* como la fe, el honor, la patria, etc. Es decir, hay conceptos *culturales* que pueden llegar a tener un nivel *categórico* tan importante como para anular la acción de un *instinto innato* tan potente como es el de la supervivencia. Y, naturalmente, al tratarse de valores *culturales,* que surgen como mecanismo de *protección* de la sociedad, no tienen igual dimensión *categórica* en todas las personas, algo que no puede explicarse por diferencias *genéticas*. No existe el gen del *heroísmo,* sino valores *culturales* individuales que impulsan a una persona (por ejemplo, un revolucionario) a cometer actos heroicos. Salvo que se piense que lo que nos mueve a arriesgar la vida es el mismo mecanismo genético que hace que cierto tipo de insectos se *sacrifiquen* para salvar el hormiguero. Podría aceptarse si *siempre* y en las mismas *circunstancias, todos* actuáramos de la misma manera, como hacen ellos. El comportamiento *altruista* (contrapuesto al *egoísta)* tiene, sin duda, base genética, y se da, en mayor o menor medida, en todos los animales *sociales,* incluido los humanos.[81] Pero solo nosotros lo expresamos *culturalmente*. Eso explica la posibilidad de cambiar de actitud según cambian nuestros *valores,* o valoramos, valga la redundancia, de distinta manera el mismo *valor*. Delincuentes comunes que terminan abrazando el *yihadismo,* religiosos el ateísmo militante, militares que se hacen pacifistas radicales, empresarios que apoyan la revolución social... los ejemplos abundan y evidencian el error de enfrentarse al problema de la *naturaleza humana* desde un punto de vista *contable*.

¡Los *genes* lo quieren!, viene a ser un sucedáneo del popular grito ¡Dios lo quiere!. Mucha ciencia para acabar en pura y llana *superstición*. Pinker parece actuar como el que pierde las llaves de casa por la noche: va a buscarlas junto a una farola porque es la zona más iluminada, aunque las haya extraviado en otro lugar. Olvida que *la correlación no es un vínculo causal*.[82]

Sociedad y universales innatos.

Uno de los aspectos más inquietantes del *genetismo* es su idea de que existen *universales humanos innatos,* fijos por definición, que nos afectan como *especie,* a diferencia de las *variaciones innatas,* propias de los *individuos.* Sin duda, el genoma humano incluye ciertos rasgos evolutivos comunes, de lo contario no se podría hablar de *especies.* Pero de ahí a catalogar de *universales innatos* ciertas conductas humanas media un abismo que solo es posible salvar con la pértiga de la *ideología.* Y es lo que hizo en 1989, y publicó 2 años más tarde, Donald E. Brown al encontrar nada menos que 200 de tales *universales humanos*, extraídos de trabajos etnográficos, que Pinker reproduce en un apéndice de su libro. Se trata de unos *universales «superficiales»* de la conducta y el lenguaje, que no incluyen *universales más profundos de la estructura mental,* en su opinión, ni otras categorías como los *casiuniversales* y los *universales condicionales.*

Dejando a un lado el rigor científico de tales categorías, y de otras que se le pueden ocurrir a alguien con suficiente imaginación, lo cierto es que la categoría de *universales innatos* humanos ocupa un lugar destacado en su polémica contra los supuestos defensores de la *Tabla Rasa.* Refutación que termina por hacer buena la teoría que pretende rebatir. En primer lugar, lo raro es que los etnógrafos no hubieran encontrado rasgos comunes en sus estudios de campo. La cuestión es si habían investigado lo que tenían en *común* las poblaciones estudiadas, qué era parecido o similar en sus sociedades (naturaleza, alimentos a su alcance, formas de obtención de riqueza, división del trabajo, proximidad de otros grupos de humanos, etc.), de qué manera respondían a las exigencias de supervivencia y desarrollo, y cómo se organizaban su actividad social. De haberlo hecho, y no tengo datos para pensar lo contrario, comprobarían que a *estructuras sociales* similares, en condiciones ambientales parecidas, es lógico que se den respuestas *similares.* ¡Es la *sociedad,* estúpido!.

Pero echemos un vistazo a la lista que incluye conceptos tan esclarecedores como: *asesinato, bueno y malo* (para quién, para qué), *conflicto* (con quién, contra quién), *control del clima, creencia en lo sobrenatural* (¿no era fruto de la ignorancia?), *cultura* (¿comunal, esclavista, feudal, capitalista?), *desigualdades económicas* (¡!!!), *distinguir lo correcto de lo incorrecto* (para quién), *división del trabajo por sexos, Edipo* (¡Freud en los genes!), *estructura social* (¿la capitalista *avant la lettre*?), *horario para las comidas* (los españoles somos una *rara avis evolutiva*), *magia negra para conseguir amor* (sobran los comentarios), *modestia sexual, oligarquía (de facto), propiedad...* Para qué seguir. Los 200 famosos *universales humanos,* tan caros a Pinker, son en realidad una disparatada lista construida a base de conceptos extrañados de la lingüística, de lugares comunes, y de nociones claramente *ideológicas.* Sinceramente, se me escapa el sentido y el objetivo de agrupar y generalizar comportamientos humanos que en cada tipo de sociedad y *cultura* tienen significados distintos, incluso contrapuestos, para presentarlos como si fueran *universales innatos.* Lo diré con palabras de Alfredo Francesch, del Departamento de Antropología Social y Cultural de la Universidad Nacional de Educación a Distancia: *Determinar que una conducta determinada tiene un carácter universal es de un optimismo rayano en la candidez. Disponemos de informes sobre la vida humana desde hace, como mucho, unos pocos miles de años, desde el invento de la escritura (difícilmente puede haber alguno anterior). Cierto que los paleoantropólogos suelen inferir de las condiciones de vida de algunas poblaciones indígenas contemporáneas atributos que predicar de los humanos ancestrales. Y cierto, también, que podemos realizar inferencias a partir del depósito fósil y arqueológico. Pero en modo alguno podemos afirmar que tal o cual comportamiento tenga carácter "universal" en nuestra especie, de la que ignoramos casi todo durante más de cien mil años. Debemos imaginar que, por ejemplo, la caza era practicada de manera generalizada. Pero no podemos hacer la más mínima afirmación sobre "universales" como la tacañería, o tantos otros de los propuestos por tantos otros autores... este tipo de cosas a mí me ofrece problemas lógico-formales. Si la tacañería es rasgo universal de la conducta humana, o ser humano es ser tacaño, ¿qué ocurre con los que no son tacaños? ¿No son humanos?.[83]*

Se alarma Pinker ante la posibilidad de que *la doctrina supuestamente progresista de que las personas no tienen unas inquietudes inherentes, lo cual implica que se les podría condicionar para que gozaran de la servidumbre.* Pero no le preocupa que, de acuerdo a la lista de los 200, admita como *natural* cosas como la *división del trabajo por sexos, la oligarquía* y ¡cómo no!, *las desigualdades económicas y la estructura social.* En cuanto a la *servidumbre* de la que habla, puede que exista un *Universal innato* que nos mueva a oponernos a que nos domine otra persona, pero la capacidad de *modularlo* es infinitamente superior a su supuesto *innatismo.* Tomemos, por ejemplo, la sociedad victoriana inglesa. Una parte nada despreciable de su *corpus cultural* estaba orientado a que la *servidumbre* no solo se conformara con serlo, sino que viviera con *orgullo* su condición de siervo. La novelística del siglo XIX está llena de descripciones realistas de este fenómeno. Seria bueno que leyera algo de literatura victoriana. O, al menos, conocer la anécdota narrada por Chesterton con el fino sentido de la ironía que le caracteriza: Una alta dama, no se si de noble cuna, contrató a una sirvienta. Daba por hecho la buena señora que su sirvienta se haría su propia comida; a su vez, la sirvienta pensaba que su obligación era comer de las sobras de su ama. Así que el primer día aumentó prudentemente un tercio la razón de carne. Con lo que no contaba es que para su señora, de estricta educación victoriana, era obligado el no dejar nada en el plato, por lo que se comió todo. Visto lo cual, la sirviente fue ampliando la cantidad en días sucesivos, siempre con idénticos resultados. Finalmente, ambas mujeres, fieles a sus principios, murieron: una de indigestión y la otra de inanición. Lo que no sabían es que estaban contraviniendo las leyes de la genética evolutiva. Las costumbres sociales pueden arruinar una buena teoría sobre la naturaleza humana. Bromas aparte, ignorar o infravalorar la *cultura* en el comportamiento humano, buscando *universales innatos* como causa necesaria, aunque no suficiente, nos puede llevar a conclusiones absurdas. Eso por no hablar del *gozo* con que aceptan las monjas convertirse en *siervas de los siervos* de Dios, reflejo de la idea religiosa de que somos lo que el Ser Supremo ha decidido que seamos y, por tanto, debemos aceptarlo con *alegría*. Pinker, no se si es ateo, pero lo que hace es sustituir a Dios por los genes. La realidad es que se puede manipular *culturalmente* todo supuesto *Universal innato*, sin que sea necesaria previamente una manipulación (o evolución) *genética*. Lo dicho hasta ahora: el genoma nos hace *humanos* porque su *expresión* (conducta) es siempre *cultural*. Sin este cambio evolutivo estaríamos dentro del linaje de los chimpancés.

Más grave, por sus connotaciones políticas, es que Pinker relaciona los *universales innatos* con los méritos personales: *La idea de que la igualdad política es una postura moral, no una hipótesis empírica, la han expresado algunos de los exponentes de la igualdad más famosos de la historia. En la Declaración de Independen-*

cia de Estados Unidos se proclama: «Sostenemos como evidentes estas verdades; que todos los hombres son creados iguales»... en derechos, obviamente. En efecto, Thomas Jefferson, creía en una "aristocracia natural entre los hombres. Su base son las virtudes y los talentos [...]. Pues la experiencia demuestra que las cualidades morales y físicas del hombre, sean buenas o malas, son transmisibles en cierto grado de padres a hijos.

Así pues, la igualdad es una postura moral, origen de la aristocracia natural. Pasando por alto que lo moral sea también natural, y no fruto de unos valores culturales acordados, ya sean de raíz aristotélica, kantiana o utilitarista, y que gran parte de la moral de nuestra especie evolucionó inicialmente en función de la guerra, un implacable juego de suma cero, no veo de dónde sale que las cualidades morales sean trasmisibles de padres a hijos, salvo que sea mediante la educación, en cuyo caso los universales innatos no pintan nada. ¿Por qué tanta incongruencia lógica en un científico? Porque el verdadero objetivo de Pinker es defender el liberalismo democrático, y el sistema capitalista, contra científicos radicales. Pero los hechos son testarudos, y vasta echar un simple vistazo a la historia para comprobar que la igualdad (política, económica, social) es una CONQUISTA, fruto de la lucha de los desiguales (en derechos, riqueza y posición) contra los que detentan el poder político, económico y social que consideran natural (por la gracia de Dios, en la versión feudal) o fruto de su esfuerzo y cualidades morales (en la versión liberal). En ambos casos, se escamotean las estructuras sociales y las relaciones de poder. La visión de Pinker me recuerda la doctrina cristiana de que los hombres nacen libres e iguales a los ojos de Dios, pero libres para ganarse el cielo o condenarse al infierno. Las consecuencias prácticas de tales presupuestos han sido la aceptación resignada (que sigue funcionando en la religión hindú y su *karma* y en el budismo con su *desapego*) o la imposición violenta de la sociedad constituida con sus reyes, nobles, siervos, esclavos, trabajadores, empresarios. Pero la historia está recorrida por cruentas luchas por conseguir alterar el *estatu quo*, desde la rebelión de los esclavos ante Roma, pasando por los movimientos campesinos, para culminar en la Revolución Francesa y la Revolución Soviética.

Llegados a este punto, la cuestión es por qué detenerse en la *igualdad*, y no dar la misma categoría de *universales genéticos* a toda la *Declaración de los Derechos Humanos*. Pinker demuestra como poco, la misma *ingenuidad ilustrada* de los *Padres Fundadores*,[84] que no se escandalizaban con la esclavitud, y la justificaban, aunque no todos. Adams se oponía enérgicamente a ella, mientras que Washington, Jefferson, y Madison, dueños de esclavos, la defendían, si bien los dos últimos con reparos *morales*. Aristóteles al menos era mas consecuente: pensaba que los esclavos no tenían alma racional, y por tanto no eran *plenamente* humanos. En algunos pasajes de su libro *Política* defiende el carácter *natural* de la esclavitud. Considera que el esclavo es inferior al ciudadano o al hombre libre, porque es un *instrumento* viviente, de racionalidad *elemental*, incapaz de tener autonomía en sus decisiones. Para Aristóteles, los animales y los esclavos se hallan *naturalmente* al servicio de los ciudadanos libres. Y era evidente que unos hombres habían nacido para mandar y otros para obedecer. Y que ya desde el nacimiento unos seres están destinados a ser regidos y otros a regir. En el capítulo XIII, Aristóteles afirma que *el esclavo carece totalmente de facultad deliberativa*.[85] Desde la Antigüedad la esclavitud se basaba en la idea de una inferioridad *natural* inscrita en los *cuerpos* de los esclavos, lo que, a su vez, la *legitimaba*. El cristianismo tomista, bajo influencia de Aristóteles, mantuvo la justificación de la esclavitud y un vergonzoso apoyo al comercio de seres humanos. Por ejemplo, en el *Tractatus de Instauranda de Aethiopum Salute* del jesuita Alonso de Sandoval, publicado en 1626, donde estudia la esclavitud en la América española, llega a la conclusión *aristotélica* que los etíopes eran descendientes de Cam, hijo maldito de Noé, cuyo pecado originó el carácter *inferior* del cuerpo y el *alma* de los pueblos de color oscuro. Es decir, subyace siempre una visión de la esclavitud como algo determinado por el cuerpo. De ahí a justificarla genéticamente había solo un paso, que no se necesitó dar al desaparecer la esclavitud antes de la aparición de la genética. Lo cierto es que la esclavitud fue aceptada, tolerada o merecedora solo de reproche *moral*, hasta el siglo XIX. Desde el punto de vista católico, pese a numerosos antecedentes de condena, sin apenas consecuencias prácticas, hay que esperar a 1838, para que el papa Gregorio XVI prohíba a los cristianos el tráfico de esclavos bajo pena de excomunión. Desgraciadamente, la historia no acaba ahí. La esclavitud todavía continúa.[86]

Pero incluso admitiendo la existencia de *universales innatos,* su propia *universalidad* les convierte en *irrelevantes* desde el punto de vista *social*, aunque pudieran ser *relevantes* psicológicamente para cada individuo concreto. Al tenerlos todos los humanos, aunque sea con pequeñas *variaciones* es como si ninguno los tuviera. Es una polémica estéril, ya que, el resultado final es el mismo. La *variabilidad* sería consecuencia de factores externos a la *naturaleza humana*. No parece sensato pensar que esa *exterioridad* se reduzca a la naturaleza *física*, igual para el grupo, por lo que solo cabe buscarla en la *sociedad* y su *cultura*. Y entonces aparecen, ¡maldición!, las r*elaciones de producción*, los *mecanismos de dominación*, y la *idea* que de todos ellos se hacen sus componentes. Todos estos *fuegos fatuos* sobre la *naturaleza humana* y los *universales innatos* desaparece.

Ni siquiera pulsiones aparentemente *primarias* como el *odio*, la *violencia*, el *egoísmo* o la *cooperación*, están más allá (o más acá, si se quiere), de la *cultura*. La *naturaleza humana* consiste precisamente en ser un *animal cultural*. Es su específica *materialidad*. El concepto de *universales innatos humanos* o no dice nada (que no se sepa desde Aristóteles), o lo quiere decir todo, que es una forma de no decir nada.

Todo lo dicho no niega en absoluto el hecho de que está implícito en nuestro genoma la capacidad de *fabricar* un cerebro capaz de elaborar normas *morales, jurídicas, políticas*, de *convivencia,* etc. Hasta aquí nos ha traído la evolución. Ahora el proceso de cambio y trasformación de la sociedad, que es nuestra especifica forma evolutiva, depende de nosotros. Los humanos somos *seres sociales* y, por lo tanto, *culturales,* que forjamos nuestro destino en la lucha emancipadora de las condiciones materiales y sociales, frente a los que quieren que nada cambie. O, a lo sumo, que cambie dentro del rígido y genético concepto de *naturaleza humana* y sus *universales*. Fin de la historia.

La igualdad ante la diferencia

Una de las argumentaciones más sorprendentes de Pinker sobre su concepto de *naturaleza humana* es la de que las diferencias *innatas* del genoma potencian o garantizan la *igualdad*. Escuchémosle: *La idea de una naturaleza humana, lejos de instigar a la discriminación* (como ha ocurrido hasta ahora)*, es la razón por la que nos oponemos a ésta. Aquí es donde es esencial la distinción entre variación innata y universales innatos.* Es decir, podemos tener distinto coeficiente intelectual, ser menos altos, o tener menos fuerza (*variación innata*), pero según Pinker a todos nos repugna la esclavitud, la discriminación, y la servidumbre (*universales innatos*). Curioso, porque a millones de norteamericanos no solo no parecía repugnarles la esclavitud, sino que provocaron una guerra civil para defenderla. En cuanto a la *igualdad*, la sitúa en el terreno de la *moral* (igualdad de derechos) y no en el de los hechos empíricos, aunque no aclara en qué categoría la sitúa, si es un *Universal Innato*, o *una variación innata*. Para su tesis se apoya en el prestigioso biólogo evolutivo alemán Ernst Mayr (1904 - 2005):[87] *La igualdad, a pesar de la no identidad evidente, es un concepto un tanto complejo y requiere una <u>talla moral</u> que al parecer muchos individuos no son capaces de asumir. Al contrario, niegan la variabilidad humana y equiparan la igualdad con la identidad. O sostienen que la especie humana es excepcional en el mundo orgánico en el sentido de que los genes sólo controlan los caracteres morfológicos, y todos los otros rasgos de la mente o el carácter se deben al «condicionamiento» o a otros factores no genéticos. A estos autores les resulta muy cómodo ignorar los resultados de los estudios sobre hermanos gemelos y de los análisis genéticos de los rasgos no morfológicos de los animales. Una ideología basada en unas premisas tan obviamente falsas sólo puede conducir al desastre. Su defensa de la igualdad humana se basa en una pretensión de identidad. Tan pronto como se demuestra que esta última no existe, cae igualmente la base de la igualdad.* Y añade bastantes páginas más adelante: *Los hermanos univitelinos criados por separado son muy similares; los hermanos univitelinos criados juntos son más parecidos que los bivitelinos criados juntos; los hermanos biológicos son muchísimo más parecidos que los adoptivos. Todo esto se traduce en unos valores de <u>heredabilidad</u> sustanciales, normalmente entre 0,25 y 0,75. Un resumen convencional es* *que más o menos la mitad de la variación en la inteligencia, la personalidad y los resultados en la vida es hereditaria -un correlato o un producto indirecto de los genes-. Es difícil conseguir un mayor grado de precisión* (los subrayados son míos).

Pinker recurre a los estudios con gemelos como la gran *muleta*, pese a que, como ya hemos indicado, las ultimas investigaciones demuestran su error (en unos casos) e imprecisión (en todos los demás). Pero a tales premisas solo pueden seguir errores deductivos. El primero, y más significativo, es el de la *heredabilidad* de, al menos, el 50% de *inteligencia, personalidad y resultados* (¡!!!!) en la vida. Increíble, pero cierto, Pinker cree en los porcentajes de algo que no se puede *cuantificar*, porque son el resultado de la actividad de miles de genes interactuando entre si, en ambientes variables, de una forma y profundidad de la que apenas sabemos nada. Pero incluso obviando la validez y rigor científico de los métodos de medición empleados (metodología, falsabilidad, posibilidad de repetir los test por otros investigadores, etc.), los resultados, en el mejor de los casos, no demuestran nada que no supiéramos, y que cualquier familia con gemelos univitelinos puede corroborar: los gemelos univitelinos tienen muchas similitudes en aspectos como ciertos rasgos de carácter, habilidades practicas, gustos estéticos, o propensión a enfermedades. Pero también importantes *diferencias* que una convivencia más larga e intima ponen de relieve. La investigadora del Departamento de Antropología de la Universidad de Rutger (Nueva Yersey), Helen Fisher, afirma, y sabe de lo que habla, que hay diferencias entre ella y su hermana gemela, pese a ser tener el mismo ADN.

Sin duda, ciertos rasgos *temperamentales* están configurados por la acción de los cuatro sistemas cerebrales interrelacionados que poseemos: los vinculados con la dopamina, la serotonina, la testosterona, y el binomio formado por los estrógenos y la oxitocina. Estos rasgos fondo conductual sobre los que edificamos nuestra *personalidad*. Pero no son *deterministas*, inamovibles, pese a que tienen un elevado nivel de *histéresis* (tendencia a conservar sus propiedades), sino que pueden *moldearse*, y no solo con medicamentos, como saben muy bien los psicólogos cognitivo-conductistas. Por mucho que se empeñe Pinker, no existen dos personas iguales, y eso vale también para los gemelos que comparten el mismo ADN, lo que se explica, entre otras cosas, por la dimensión *cultural* de la actividad *mental*. Así, dos gemelos univitelinos separados nada más nacer y entregados a familias con disto nivel *cultural*, distinta *cultura*, y distintas condiciones socioeconómicas, tendrán desarrollos cognoscitivos e intelectuales distintos, hasta el extremo de que (en un experimento mental), uno podría ser analfabeto si nadie le enseña a leer y escribir, y otro Premio Nobel en Física si ha estudiado en las mejores universidades con los mejores profesores, aunque ambos puedan mostrar gustos similares por la comida y los colores. Las mismas potencialidades *innatas* dan resultados distintos en *ambientes socio-culturales* distintos. En cuanto achacar la mitad o más de nuestro *éxito* personal a la *herencia genética,* no creo que merezca mayores comentarios. Es, en el mejor de los casos, una burda *justificación* del capitalismo. Al menos, en lo que se refiere a la mitad de las injusticias y las desigualdades. Supongo que ese 50% es al que Pinker propone paliar mediante la *talla moral.* Un piadoso deseo que la *inmoral* crisis de 2008, y sus dramáticas consecuencias echa por tierra. No es necesario leer a Thomas Piketty, basta con hojear el informe de Oxfam Intermón, *Europa para la mayoría y no para las élites.*[88]

Nuestra constitución genética está formada por algo más de 3.000 millones de nucleótidos procedentes del ADN materno, y otros tantos procedentes del ADN paterno, que en total constituyen un *libro de instrucciones* del que apenas sabemos su significado, pese a conocer todas sus *letras* (pares de bases), algunas *palabras,* y pocas *frases.* La secuenciación del genoma humano equivale a 500 volúmenes del tamaño del Quijote, pero no entendemos el idioma, aunque conozcamos las letras.

Solo una pequeña parte, alrededor del 1,5% del genoma humano consiste en *exones* o *genes* (20.000 a 25.000, menos que un simple ratón, por lo que la importancia no reside en el número sino en las combinaciones, interacciones, y regulaciones) que codifican las aproximadamente 30.000 proteínas diferentes del cuerpo humano, mientras que más del 90% consiste en ADN no codificante, conocido hasta hace poco como ADN *basura,* término que refleja nuestra ignorancia (desecha lo que no conoce), y cuyo papel parece resultar más importante de lo que se pensaba. En realidad, la ubicación y número exacto de genes es todavía desconocido. Por otra parte la *expresión* de un gen no se limita a codificar proteínas, sino que cumple otros muchos papeles, que se descubren cada vez más sofisticados, particularmente ante cuestiones complejas como todo lo relacionado con la actividad cerebral superior. Eso sin contar con la interacción *ambiental* (nutrición, clima, atención médica, contextos sociales, etc.). Ningún gen determina directamente por sí solo ni si quiera los rasgos más simples. Los esquemas de la interacción genética son propios de un sistema *abierto, complejo* y *no lineal* (como las sociedades humanas, por cierto). Cuando los genes *aditivos* se combinan, el resultado no puede *reducirse* a la suma de todas las contribuciones aportadas, al igual que los genes *recesivos* tampoco son completamente suprimidos, debido a la acción de sus correspondientes genes dominantes. Las *tendencias* a determinadas conductas *innatas,* básicamente gobernadas por *emociones,* están afectadas por muchos pares de genes, algunos interactuando de forma *dominante-recesiva,* otros *aditivos,* y otros creando nuevas combinaciones. De ahí que sea, como poco, una temeridad hablar de *heredabilidad* (parcial, *of course*) tanto *intelectual,* como la referida a la *conducta social* (un humano en completa soledad puede dar rienda suelta a sus *instintos básicos,* aunque no se entiende que sentido tendría hacerlo). Temeridad hasta cierto punto comprensible hace 13 años, cuando Pinker escribió su *bestseller,* porque la genética no había alcanzado los niveles de desarrollo y conocimiento actuales. Hoy, por ejemplo, se propone una nueva definición de gen, más abierta y flexible: *la unión de secuencias genómicas que codifican un conjunto coherente de productos funcionales, potencialmente solapantes.*

En resumen, y para decirlo de una manera bastante gráfica y definitiva: *no somos marionetas en la cuerda del ADN.* Pinker debería aplicarse el proverbio que aconseja no tirarse al estanque de cabeza sin saber que profundidad tiene.

Dicho todo lo anterior sin animo pedante, sino para saber un poco mejor de lo que estamos hablando, la tesis de Pinker apoyada en Ernest Mayr, de que la *igualdad* exige una *talla moral* y que esta *talla,* a su vez, está basada en la *variabilidad innata,* ya que la especie humana no es *excepcional* en el mundo orgánico, y que, por lo tanto, los genes también *controlan* la *mente* o el *carácter.* Una tesis, se reconocerá, que llevada a su extremo puede resultar muy peligrosa. Es bastante comprensible la alarma de numerosos biólogos evolutivos y científicos *radicales.* Porque la primera pregunta que nos asalta es: ¿La *moral* está también controlada por los genes?. Y, a partir de ella, una verdadera *tormenta* de preguntas: ¿Todos nacemos con distintas capacidades o formas de *moralidad*? ¿Existe una *moralidad natural,* como sostiene la religión (debida al *Creador*), bajo la forma de *Universal Innato,* igual en todos los humanos? ¿Cómo se explica las distintas concepciones de *moral* y la lucha entre ellas?... Se que Pinker no dice esto, pero parece no ser consciente de que de sus tesis se puede llegar a deducir tal aberración.

La *moral* es una cuestión *cultural* y por lo tanto *histórica,* que varía según cambian las formas en la que los humanos se *relacionan* entre si para sobrevivir, reproducirse y producir. Recordemos que *moral* viene la palabra latina *mores,* que significa *costumbres.* Y los resultados de *relaciones,* lo siento profesor, no pueden considerarse *factores* genéticos. Lo que si es genético es la *capacidad* humana de *crear cultura* y, por lo tanto de establecer *normas* y *valores,* es decir *moral* y *derecho.* El que lo haga en un sentido u otro, con un contendido normativo u otro, dependerá del carácter de esas *relaciones* sociales. Toda *moral* se concreta, para ser operativa en valores, normas y derecho y, en este sentido, ordenan y defienden la estructura de las relaciones sociales. En eso radica su *historicidad.* La misma que explica tanto el cambio como la *permanencia* de aspectos morales propios de sociedades anteriores, pero que mantiene su validez. Y que permite aspirar a una *universalidad* de la *moral* que recoja todas las conquistas sociales de la humanidad a lo largo de la historia. De hecho, vivimos una etapa en la que la *globalización* gracias a Internet y los medios de comunicación en *red,* junto a la *generalización* del sistema capitalista y los valores democráticos conquistados por las clases populares, está produciendo una *convergencia moral* cuya expresión más clara es la *Declaración Universal de los Derechos Humanos,* proclamada por la Asamblea General de las Naciones Unidas en su Resolución 217 A (III) el 10 de diciembre de 1948, en París. El socialismo significa la creación de las condiciones económicas, políticas, y sociales que permitan su plena y efectiva realización. La siguiente fase evolutiva de las sociedades humanas. Pero no nos adelantemos.

Por lo demás, es evidente que la *igualdad* humana no significa *identidad*. Son conceptos que se mueven en planos distintos. La *igualdad* se relaciona con la *desigualdad*, la presupone en cierto sentido, mientras que la *identidad* se relaciona con la *diferencia*, de forma que lo *diferente* puede ser tratado como *igual* sin dejar de serlo, mientras que lo *desigual* deja de serlo en la *igualdad*. La lucha por la *igualdad* se basa en la *desigualdad* existente (económica, política, social), precisamente para garantizar la *diversidad,* y que esta no tenga un carácter *discriminatorio*. La *igualdad* no niega la *diferencia* sino que la exige, porque solo se puede tratar como iguales a los que son diferentes. Los humanos somos genéticamente *diferentes* (fenotipo) aunque tengamos el mismo ADN (genotipo), como hemos visto, pero somos *desiguales* en lo social. La *igualdad* real, no solo su enunciado *moral* y su reflejo *jurídico,* es el resultado de la *lucha* contra la *desigualdad* que genera un determinado sistema social. Una conquista de los subordinados frente a los privilegios de los dominantes. Pensar que *igualdad* o *desigualdad* tienen que ver con la genética es un disparate científico además de una aberración *moral*. En la *naturaleza humana*, que es *cultural,* no cabe la *desigualdad* ni la *igualdad* genética, aunque si la *diferencia* que, por cierto, no garantiza *per se* ninguna ventaja social, y que es en la práctica irrelevante, salvo casos patológicos. No existen genes para la *igualdad* y para la *desigualdad*, en competencia darwinista. La *desigualdad* es una característica *social* que se genera en la estructura de las relaciones de producción y los mecanismos de dominio sobre los que se asienta la sociedad clasista.

Pero la cuestión sigue en pie: ¿Está en la *naturaleza humana* aspirar a la *igualdad*?, Y si lo está, ¿es *genética* esa disposición y tiene carácter de *Universal innato*? Y de ser así, ¿por que la *igualdad* no ha triunfado plenamente, ni siquiera en el plano jurídico, en los casi 100.000 años de andadura del *Homo sapiens sapiens* sobre la tierra?, ¿tal vez por falta de *talla moral*? Y en el caso de que tal fuera la causa, ¿por qué surgen las diferencias en la *talla moral*?... Son preguntas incomodas que alimentan una polémica *bizantina*. Polémica que se disuelve como un azucarillo cuando se tiene en cuenta el carácter *cultural* de la *naturaleza humana*.

Para Pinker con el triunfo del *liberalismo* se ha conseguido la *igualdad*, al menos de *jure*, en una sociedad, la capitalista, donde: *no se discrimina por el hecho de ser más o menos alto*. Cierto, salvo a la hora de jugar al baloncesto. Bromas aparte, es cierto que en la sociedad del *capitalismo democrático*,[89] la discriminación, salvando las formas *vestigiales* de racismo, sexismo, xenofobia, homofobia, etc. es más *sutil* y *utilitaria*. Po ejemplo, se discrimina por nivel de *educación*, de *inteligencia*, y de *sumisión*. Por ejemplo, formas más o menos explícitas de discriminación se utilizan en la *selección* de personal en algunas empresas. Por no hablar de la forma más grave y abundante de discriminación que es el paro, lo que conlleva un gran despilfarro de *inteligencia*, como bien saben nuestro jóvenes licenciados.

No acaban aquí los intentos de Pinker por dotar a sus tesis de *autoridad*. Si hace falta, recurre a científicos que se encuentran en las antípodas de su pensamiento político. Como lo es utilizar al gran lingüista Chomsky, un luchador infatigable contra los efectos más perversos de la sociedad capitalista: *Me sorprende, por cierto, que a tantos comentaristas les preocupe que el coeficiente intelectual pueda ser hereditario, tal vez en gran medida. ¿También habría que preocuparse si se descubriera que la altura relativa, las dotes musicales o la condición física para correr las cien yardas están parcialmente determinadas genéticamente? ¿Por qué hay que tener ideas preconcebidas en un sentido o en otro sobre estas preguntas, y de qué modo las respuestas que se les den... se relacionan con cuestiones científicas difíciles (en el estado actual de los conocimientos) o con la práctica social en una sociedad decente?.*

A Pinker le sorprende que a tantos científicos les preocupe la mera idea de que el IQ pueda ser *hereditario;* eso sí, *tal vez en gran medida,* no exageremos. Pero lo verdaderamente sorprendente es que Pinker admita esa posibilidad. Primero, porque el IQ es un *test* para medir la inteligencia, y los test no se heredan. Segundo porque el IQ se realiza sobre individuos que ya han alcanzado el grado de inteligencia como para contestar un *test*, por lo que la herencia se tiene que referir a una capacidad intelectual innata cuya comprobación exige que se haya desarrollado hasta cierto nivel, lo que introduce en escena condicionantes *sociales*. En una palabra, no hay forma de saber el componente *hereditario* de la inteligencia, ¡de existir!. Aunque debemos admitir que el mismo *polimorfismo* que influye en la estatura (condicionado por la alimentación), o el color de los ojos, (genético y fijo), debe tener también su manifestación en algunos aspectos neurológicos relacionados con lo que llamamos *inteligencia*. La cuestión es que es inseparable de la *cultura*, como lo son el carácter ondulatorio y corpuscular de un electrón, por poner un ejemplo, y solo ejemplo, tomado de la *paradójica* realidad cuántica.

La falta de honestidad de Pinker estriba, primero, en que Noam Chomsky (Filadelfia, 1928) considera estas diferencias *irrelevantes*, aunque sean *hereditarias* en gran medida, algo que ni afirma ni niega; segundo, porque lo que le interesa es que exista una *sociedad decente*, donde esas cuestiones carezcan de importancia, que es tanto como decir que es la sociedad la que determina las *posibilidades* reales de desarrollo *intelectual* de cada uno a partir de sus capacidades *innatas*. Chomsky lo que viene a decir es que la polémica carece de sentido, y tiene razón. Él ha demostrado que todos los humanos tenemos una capacidad *innata* para el *lenguaje*, que se desarrolla en áreas específicas del cerebro. Por eso todos los niños que no tengan alteraciones neuronales que afecten a éstas áreas aprenden a hablar con solo *escuchar* a sus mayores. Pero no *aprenden* solo sonidos, sino *significados* asociados a sonidos, *cultura* por tanto. La *variabilidad* genética posibilita que los individuos tengan distinta *capacidad* para *aprender*. Pero Chomsky no niega, sino todo lo contrario, que el *cómo* y *cuánto* se desarrolla esa capacidad depende de parámetros *sociales*. Existe gente con mas facilidad para los idiomas que otros, pero para desarrollar dicha capacidad tienen que poder estudiarlos, viajar y vivir en distintos países, o tener una buena institutriz que les hable en varios idiomas. Todo esto lo sabe Pinker, porque son argumentos que utiliza en otras partes del libro. ¿Por qué insiste tanto en *subrayar* las diferencias *innatas* cuando su incidencia global apenas es significativa frente a la los factores sociales como alimentación, higiene, educación, etc.?. A veces tango la impresión de que Pinker pelea con su *sombra*: la incómoda realidad socioeconómica del capitalismo que se da de bruces con su bienintencionado liberalismo. Bien pensado, lo que hace Pinker es *reformular*, utilizando torticeramente ciertos datos empíricos de la sociobiología y avances en las ciencias conductistas, la denostada teoría del *Buen Salvaje,* en una arriesgada pirueta intelectual. El sueño *ideológico* de la genética produce monstruos.

Insisto, nadie en su sano juicio niega hoy las diferencias *iniciales* entre los humanos debido a la *variabilidad* genética, incluso en las *difusas* áreas de la *cognición*. Los que han tenido varios hijos lo saben sin tener que estudiar biología evolutiva. Por eso es un falso debate. O un debate *interesado*. Lo que está en cuestión son la *diferencias* sociales y sus consecuencias en educación, salud, economía, calidad de vida, etc., que no tienen ninguna base *genética* sino que están determinadas por la estructura de la sociedad, y que explican las *diferencias* intelectuales y las posibilidades de éxito en el capitalismo *hipercompetitivo*. Recuerdo que en una de las vociferantes tertulias de La Sexta, el director de periódico ultraconservador La Razón, el inefable Francisco Marhuenda, replicó a un tertuliano que hizo una imprudente mención a la *igualdad* con un lugar común entre la gente de su partido, el PP: *es una utopía comunista porque no somos iguales*. No sabría decir si había leído (mal, evidentemente) el libro de Pinker.

A continuación, Pinker se embarca en una serie de posibles justificaciones a la *discriminación*. Por ejemplo, señala: *los beneficios de detener a secuestradores suicidas sí superan el daño que se les haga a pasajeros árabes inocentes*. Una justificación lamentable e intolerable de *discriminación* (chequeo exhaustivo, cuando no *indecente*) si solo se aplican las normas de seguridad aérea a *todos* pasajeros árabes o con *aspecto* de serlo, como desgraciadamente ha ocurrido. Lamentablemente, Pinker confunde la necesaria reglamentación de ciertas conductas o trabajos (cita la prohibición de conducir antes de los 16 años), que son normas de *protección social*, con las normas y conductas *discriminatorias,* como la *segregación* racial existente en su país hasta no hace tanto, y que continua manifestándose en el comportamiento de la policía de ciertos Estados frente a la gente de *color*. O, ya que hablamos de conducir, no olvidemos la prohibición de hacerlo a las mujeres en Arabia Saudí. Unas páginas más adelante utiliza el ejemplo del tenor italiano Luciano Pavarotti: *supongamos que un millón de personas están dispuestas a pagar diez dólares por oír cantar a Pavarotti, y no están dispuestas a pagar diez dólares por oírme cantar a mí, en parte por las diferencias genéticas que existen entre nosotros dos. Pavarotti será diez millones de dólares más rico y vivirá en un estrato económico al que mis genes me impiden acceder, incluso en una sociedad que sea completamente justa. Es un hecho que las mayores recompensas irán a las personas que tengan un mayor talento innato si las otras personas están dispuestas a pagar más por el fruto de esas dotes.* Dejando a un lado la *fina* ironía de Pinker, el ejemplo es una clara manifestación de *reduccionismo*. Pinker crea una argumentación a su medida y se olvida de señalar que Pavarotti no es solo fruto de sus cualidades *innatas* (capacidad torácica, conformación bucal, timbre de la voz, morfología de la cuerdas vocales, etc.) sin duda necesarias, sino de su *desarrollo* y *educación* (de la voz, de la respiración, de la musculatura implicada), lo que introduce algo que, como buen liberal, le molesta: el *entorno social*. Pavarotti, con todas sus cualidades *innatas*, no habría pasado de cantar en el coro sin sus estudios de canto en Módena, su ciudad natal con Arrigo Pola, y años después en Mantua, con Ettore Campogallian ¿Se ha preguntado cuántos niños en el mundo con cualidades *innatas* similares, o incluso superiores, nunca llegan a ser Pavarotti?.

No contento con destacar la ventaja *económica* que puede producir el mayor *talento innato*, recurre a un argumento de peso: *el hecho de que la discriminación pueda ser económicamente racional sería realmente peligroso <u>sólo si nuestras políticas favorecieran la im-</u>*

placable optimización económica, sin tener en cuenta todos los demás costes (el subrayado es mío). *Pero de hecho tenemos muchas políticas que permiten que los principios morales se impongan a la eficiencia económica. Por ejemplo, es ilegal vender el voto, vender los órganos o vender a los hijos, aunque un economista pudiera argüir que cualquier intercambio voluntario beneficia a ambas partes.* Una vez más, Pinker lo único que exige al capitalismo son *principios morales,* como hacía Adam Smith. Sin embargo, la evaluación de los *costes* es parte de la *optimización económica,* ley de hierro del capitalismo, así que la frase carece de sentido. Y parte de esos *costes* son los posibles *conflictos sociales* que pueden generar una explotación abusiva. En términos históricos, las condiciones laborales de los trabajadores han sido fruto de la lucha y la negociación, frente a la *optimización económica* de los empresarios. Un proceso que ha supuesto mejoras para los asalariados, pero también ha tenido un efecto positivo en el desarrollo del propio capitalismo al incrementar la capacidad adquisitiva de los trabajadores. Por eso solo en las crisis de cierta magnitud, como la actual, se manifiesta en toda su crudeza la naturaleza de la *optimización económica* del capitalismo: devaluación de los salarios como condición necesaria para el incremento de los beneficios, pudorosamente llamados crecimiento del PIB. Con su correlato de perdida de derechos laborales, eufemísticamente catalogados de la necesaria *flexibilidad* o, en la versión menos conflictiva, *flexiseguridad.* Por eso los capitalistas *inteligentes* buscan el acuerdo pactado con sus trabajadores como el mejor mecanismo de *optimización del beneficio.*

En cuanto a los ejemplos que aporta no pueden ser mas inapropiados. Pinker confunde *derecho* con *hecho.* Y olvida que los votos se compran incluso en democracias avanzadas (hay formas más sutiles que el dinero negro, como las redes clientelares) y los órganos se venden, muchas veces bajo el manto púdico de la *donación*, unos para saldar sus deudas otros para salvar sus vidas. De hecho, uno de cada diez trasplantes en el mundo procede del tráfico ilegal. Un riñón tiene un valor aproximado de 6000 dólares en Irán, único país del mundo donde la venta de órganos es legal. La tarifa disminuye casi a la mitad en países como India. Durante mucho tiempo, Pakistán fue un lugar de compraventa. Y se estima que China tiene el mercado de tráfico de órganos con mayor crecimiento del mundo. La Organización Mundial de la Salud, estima que los 70.000 trasplantes de riñones realizados anualmente en el mundo, la quinta parte se considera que tienen su origen en el mercado negro. Hay pueblos enteros en los que al 90% de la población les falta un riñón porque lo han vendido, explica José Ramón Núñez, coordinador del programa de trasplantes de la Organización Mundial de la Salud en una entrevista publicada en el diario El País. [90] Su persecución es un avance del que todos debemos felicitarnos. Pero sin olvidar *por qué* son posibles esos intercambios comerciales antes de rasgarse las vestiduras (liberal-progresistas, por supuesto) *morales*.

Tras los intentos de Pinker por sustentar en la *genética* el comportamiento, la inteligencia y el éxito económico, se esconde una burda apología del sistema capitalista. Comprensible, pero poco científico. Algo que queda en evidencia ante su contundente y descalificadora sentencia: *Un número sorprendente de intelectuales, sobre todo de la izquierda (el subrayado es mío), niegan que exista algo parecido al talento innato, especialmente la inteligencia.* La perversa izquierda, empeñada en cambiar el mundo, cuando solo hace falta actuar con más *talla moral.*

La inteligencia innata y hereditaria.

Una y otra vez vuelve Pinker a la cuestión de la *inteligencia*. Es su verdadera obsesión, el núcleo duro de sus tesis. Así, se escandaliza cuando Jay Gould denuncia: *la abstracción de la inteligencia como una entidad singular, su ubicación dentro del cerebro, su cuantificación como un número para cada individuo y el uso de esos números para clasificar a las personas en unas series singulares de valor, para encontrarse invariablemente con que los grupos oprimidos y desfavorecidos -razas, clases o sexos- son innatamente inferiores y merecen su estatus.*[91] Ante lo cual replica con una frase antológica: *existen hoy pruebas abundantes de que la inteligencia es una propiedad* estable *del individuo, que se puede vincular a características del cerebro (incluidos el tamaño general, la cantidad de materia gris de los lóbulos frontales, la velocidad de la conducción neuronal y el metabolismo de la glucosa cerebral), que es en parte* hereditaria *entre los individuos, y que* predice algunas de las variaciones en los resultados que uno obtenga en la vida, como los ingresos o el estatus social (los subrayados son míos). Mas claro, agua.

Mal que le pese a Pinker, lo cierto es que la teoría *hereditarista* de la inteligencia adopta el mismo punto de vista que el *darwinismo social* tradicional, pero introduce un cambio sutil en su argumentación. Mientras que el *darwinismo social* ponía el acento en la supervivencia del más apto biológicamente, el *hereditarista* pone el acento en la *inteligencia. Darwinismo social* que llevó a científicos como el matemático y biólogo evolutivo Ronald Aylmer Fisher (1890 - 1962) a vindicar un programa *biométrico* y *eugenésico* para evitar la *degeneración* de la nación, trasmitiendo a las generaciones futuras los *genes* de la clase media profesional. Para fundamentar tan *elevado* fin, Fisher recurrió a la biométrica, la *ley* de la herencia ancestral: $X_0 = a_1X_1 + a_2X_2 + \ldots a_nX_n$, donde X era la inteligencia esperada de los hijos, X la *inteligencia* observada en los padres, abuelos, etcétera; y 0,1,2... funciones de las desviaciones típicas de las diferentes generaciones con respecto a la *inteligencia* y los *coeficientes* de correlación que conectaban a las diferentes generaciones respecto de ese carácter.[92] Una vieja idea, por cierto. Platón, en La República, pone en boca de Sócrates estas palabras, dirigidas a Glaucón: *a los jóvenes que se distingan en la guerra o en otra actividad, habrá que concederles entre otros premios una mayor facultad para cohabitar con las mujeres, con lo cual se dará también ocasión a que nazca de estos hombres el mayor número de hijos.* Lo que en la práctica propone la teoría *hereditarista* de la inteligencia, es un proceso de *selección* de talentos *naturales*, una visión muy capitalista, pero aplicada a la educación: la *optimización de recursos humanos.*[93] Un pequeño repaso a la lucha obrera basta para ilustrar la relación histórica entre *optimización de recursos humanos* y los *costes sociales*: huelgas, ocupación de fabricas, boicot, consejos obreros, insurrecciones, revolución.

Si resulta sorprendente el carácter *predictivo* de la *inteligencia innata,* no lo es menos la afirmación de que existe una parte *hereditaria* (lógico, si es *innata*). Arthur Robert Jensen (1923 - 2012) profesor de psicología educativa en la Universidad de California, llegó a afirmar que la *inteligencia* es heredable en un ¡80 %!. Vamos, que si eres pobre y no consigues progresar profesionalmente no debes echarle la culpa a la sociedad como hacen los izquierdistas *radicales*, sino a tu *genética.* ¡Qué le vamos a hacer, uno nace con la dotación *innata* que nace!. El *conservador compasivo,* como George W. Bush, procurará *paliar* lo que, desgraciadamente, es *inevitable.* No es de extrañar que el gran físico Richard Feynman considerara una de las piedras angulares de la ciencia el hecho de desconfiar de los expertos (y de la ideología, añado yo).

Hablar de *materia gris de los lóbulos frontales, la velocidad de la conducción neuronal y el metabolismo de la glucosa cerebral,* es de un *reduccionismo* mecanicista que no se sostiene. Creo que ya he dado suficiente razones para refutarlo. Solo añadir que la *inteligencia* es un *sistema emergente,* con sus propios mecanismos de acción y desarrollo, que no se pueden reducir a bioquímica y electricidad. Como lo biológico emerge de lo químico, como la vida no puede existir sin proteínas. En ambos casos resulta pueril reducir todo a meras combinaciones de moléculas, y éstas a átomos, y éstos a partículas subatómicas. Le vendría bien a Pinker repasar algunas de las aportaciones de la *Teoría de Sistemas* (TS).[94] que explica los conjuntos como *una configuración de partes unidas por una red de relaciones.* También reciben los nombres de *sistemas complejos, teoría de los sistemas complejos, teoría de la complejidad,* o *ciencia de la complejidad,* y se representan por varios tipos de modelos matemáticos.

Una vez más, Pinker confunde *capacidad cognoscitiva innata,* distinta en cada individuo por el inevitable *polimorfismo* que nace del *barajado* del ADN en el momento de la fecundación, y la posterior acción *ambiental* sobre el genoma (*fenotipo*), con el *desarrollo* de dichas *capacidades.* La singularidad de rasgos, las características personales, únicas en cada individuo, dentro de la generalidad de la especie, es consecuencia del entrecruzamiento aleatorio de atributos genéticos que tuvo lugar durante la *meiosis,* pero también de unas cuantas *mutaciones* sucedidas por azar, y de la suerte de haber vencido en la gran carrera espermática que culminó en la fecundación. Para él, como para tantos otros apologistas de la sociedad norteamericana, la *inteligencia* viene ya lo suficientemente condicionada de *fábrica* como para que no dependa de la sociedad, sus injusticias, privilegios, y las teorías *científicas* que las justifican, los resultados que uno tenga en la vida, sus ingresos y estatus social. El *sueño americano* avalado por la neurología genética.

De la *naturaleza humana* hemos pasado a la *inteligencia innata*. Ya no es solo que el ser humano sea *violento* por *naturaleza,* como afirmaba Thomas Hobbes,[95] necesitado de Estado para evitar que nos comamos los unos a los otros, ni que seamos *naturalmente egoístas*, como pensaba Adam Smith,[96] tendencia que el *mercado* convierte en *beneficio* para todos, sino que la *desigualdad*, principal efecto social del capitalismo, es inevitable porque está genéticamente condicionada. En su descargo hay que decir que aún no se había publicado el libro del economista francés Thomas Piketty.[97]

Pero seamos justos, Pinker no niega que otras circunstancia intervengan en el estatus social: *La probabilidad de que las diferencias innatas sean uno de los elementos que contribuyen al estatus social no significa que sea el único elemento. Entre los otros están la simple suerte, la riqueza heredada, los prejuicios de raza y de clase, la desigualdad de oportunidades (por ejemplo, en la educación y en las relaciones) y el capital cultural: las costumbres y los valores que favorecen el éxito económico. Reconocer que el talento importa no significa que no importen el prejuicio y la desigualdad de oportunidades.* Sin embargo, estos alegatos, que están en la base del *conservadurismo compasivo*, no explican *cómo* y *por qué* se originan dichas circunstancias. Es decir, *escamotea* la cuestión de la estructura social en la que se inscribe y desenvuelve el individuo, de su posición en el sistema productivo, de la posibilidad de acceso a la educación de calidad, y un largo etc. que parecen ser cuestión de *suerte*.

En definitiva, la propuesta de una *inteligencia innata*, aunque no niegue el efecto de factores *ambientales*, que por otra parte parecen existir por arte de *birlibirloque*, o no tiene una importancia significativa en el desarrollo y la vida del individuo, en cuyo caso no tiene sentido tanta polémica; o la dimensión *innata* de la inteligencia es un *condicionante* fundamental, solo parcialmente *modulado* por las azarosas circunstancias personales. Pinker tiene pánico a que le tilden de *darwinista social*, pero en su huida termina cayendo de bruces en él.

El *innatismo* de la inteligencia, concepto más que discutible, pero que a efectos del análisis vamos a dar por bueno, indica, a lo sumo, una potencialidad primaria y elemental, que desde los primeros pasos de *aprendizaje* adquiere una dimensión *cultural*, y depende de aspectos sociales. La evolución ha logrado la proeza de que el cerebro humano sea capaz de elaborar abstracciones, acumularlas y utilizarlas en procesos cognoscitivos sofisticados. Pero esa misma elaboración solo es posible en la relación social (padres, hermanos, amigos, niñeras, cuidadoras de guarderías). Un bebé no solo no sobreviviría *aislado*, sino que de hacerlo, sería incapaz de crear esas abstracciones, ni desarrollar un lenguaje articulado, al menos a un nivel humano. Es más, hay evidencias de que ni siquiera desarrollaría plenamente el propio cerebro. La teoría integrativa de Miller y Cohen propone que el control *cognoscitivo* surge del mantenimiento activo de patrones de actividad en la corteza prefrontal dirigidos a crear representaciones de las metas a alcanzar y los medios necesarios para lograrlo. Es decir, el niño necesita que le fijen metas y le propongan objetivos para el desarrollo *cognoscitivo*, a fin de ir estableciendo progresivamente y almacenando los mapeados neuronales adecuados para ejecutar cada tarea.[98] Todo lo que hacemos en la vida, salvo los actos involuntarios y subconscientes, constituye un *experimento*, y por lo tanto un *aprendizaje,* Los humanos validamos los resultados de nuestras acciones y creamos una *base de datos fluida* en la memoria para utilizarla, en mayor o menor medida, con un rango más elevado o menos de *incertidumbre,* en nuestras próximas decisiones. Nuestras percepciones *cuajan* y adoptan la forma de *opiniones, juicios, categorías, metáforas, analogías, teorías* e *ideologías.*

Insisto, la ciencia y los hechos empíricos demuestran el carácter *cultural* de la *inteligencia*, mientras que la genética nos habla de su *potencialidad.* No existe una inteligencia *genética,* aparte de la maravillosa capacidad de los genes para construir un cerebro que piensa y adquiere *conciencia* de que piensa, que mediante el *aprendizaje* y la *ideación* elabora y almacena principios nuevos y complejos de inducción y deducción, que es capaz de afinar los instrumentos mismos de la experiencia y de su análisis, que crea *herramientas* lógicas (incluida las matemáticas, tal vez la más potente de ellas) que organiza su visión del mundo al tiempo que lo cambia, etc. Es decir, capaz de crear *cultura*.

En la configuración cerebral poco podemos (y debemos) hacer, salvo evitar patologías y desórdenes neurológicos como el alzhéimer o el párkinson, mediante el progreso de la ingeniería genética. Nuestra obligación es luchar por una sociedad donde todos tengan la misma (o al menos similar) posibilidad de desarrollo intelectual, al tiempo que permita la libre expresión de las diferencias personales, la realización vocacional y premie el esfuerzo. Y esa sociedad no puede estar basada en el sistema capitalista, por muy *compasivos* que sean sus dirigentes. Pinker, tal vez consciente de que la única forma de corregir los efectos adversos, los inesperados golpes de la fortuna, y las *ideologías* perversas, saca a colación la *moral* como argumento definitivo. Como si la *moral* surgiera de la nada, o fuera consecuencia de unos *universales innatos* y no tuviera relación con el sistema social.[99] Por eso se vale del filósofo moralista George Edward Moore (1873 - 1958) quien, partiendo de la premisa de un *egoísmo biológico*, se interrogó sobre la moralidad de nuestros actos: *Esta conducta es más exitosa evolutivamente, pero ¿es buena?.*[100] Ciertamente, el éxito y la bondad no son la misma cosa. Desgraciadamente, la relación suele ser inversa. Tanto que suele criticarse de *buenismo* las propuestas políticas que ponen el acento en la *bondad.* ¿Pero tiene sentido la pregunta? Parece de *sentido común,*[101] algo que Moore valoraba altamente. Pero es una pregunta que utilizada torticeramente puede tener nefastas consecuencias. En efecto, señala el concepto *evolutivo* a la acción exitosa, pero no el contenido concreto del concepto de *bueno.* Por ejemplo, para los esclavistas norteamericanos, el *éxito* en su empresa agrícola era también *bueno,* incluso querido por Dios y amparado por La Biblia. Argumentos *morales* parecidos a los que esgrimían los defensores del apartheid en Sudáfrica, no hace tanto tiempo. La pregunta debería ser más bien: ¿debemos confiar en que sea suficiente con crear reglamentos, normas, y leyes, para que la *maldad* no se imponga y domine frente a la *bondad?.* Y, en consecuencia, ¿no es preferible construir un tipo de sociedad donde la *bondad* de la gente no sea la categoría fundamental para la convivencia, sino que tenga bases más sólidas que las *morales?* Lo que nos lleva a otra pregunta: ¿es pensable y posible, *evolutivamente* hablando, una sociedad en la que tengan *éxito* las cualidades de cooperación, solidaridad y empatía, y fracasen las de egoísmo, violencia, discriminación, etc.?. Mi respuesta es un si rotundo. Y se llama socialismo.

Por supuesto, resulta saludable y *beneficioso* que existan gentes capaces de discernir la *bondad* o *maldad* de ciertas prácticas capitalistas (o de la guerra, como la Irak), más allá del *éxito* económico. Lo lamentable es que no se cuestionen el sistema porque es *neutral* y no *garantiza* la *bondad* de las conductas, por lo que estas deben comportarse de acuerdo a principios *morales*. Un incordio para el libre desarrollo del capitalismo, que la revolución conservadora de Reagan y Thatcher, bajo el influjo de la Escuela de Chicago, eliminó *sin complejos*. Un neoliberal no debe andarse con remilgos *morales*, sino buscar la *eficiencia* económica. Es decir, el máximo *beneficio*.

Y para demostrar la errónea concepción *marxista* de algunos científicos *radicales*, empeñados en poner el acento en lo *social*, nada mejor que citar al propio Marx: *El hombre no es un ser abstracto, agazapado fuera del mundo... El hombre es el mundo de los hombres, el Estado y la Sociedad... La esencia del hombre no es una abstracción inherente de cada individuo particular... La verdadera naturaleza del hombre es la totalidad de las relaciones sociales... Los individuos se tratan como tales sólo en la medida en que son la personificación de las categorías económicas, la encarnación de unas relaciones y unos intereses de clase determinados.* ¡Con estas citas, pretende refutar a Marx!. No hubiera estado mal que antes de intentarlo echara un vistazo a la amplia y variada bibliografía sobre el tema.[102]

Su ignorancia le lleva a afirma sin rubor que Marx *no trata a los individuos como tales sino en la medida en que son la personificación de las categorías económicas, la encarnación de unas relaciones y unos intereses de clase determinados.* Afirmación tan falsa como tendenciosa. Max no se ocupa de los *individuos*, aunque analice a fondo ciertos comportamientos individuales de trascendencia histórica, y no porque le interesen las personas concretas, sino porque para su análisis del capitalismo la *individualidad* no aporta gran cosa. No se explica el capitalismo por la personalidad de los empresarios, algo que sabían perfectamente los economistas clásicos, aunque tengan importancia en la historia concreta de una industria. Una de dos: o Pinker no ha leído a Marx y extrae las citas de libros antimarxistas, o no lo ha entendido. Si se cita hay que hacerlo *in extenso* y bien. Lo que dice Marx es que no existe una *naturaleza humana* fuera de las relaciones sociales: *La esencia humana no es algo abstracto inherente al individuo considerado aisladamente,*[103] porque no existe el ser humano aislado, sino que es un *ser social*, algo que ya sabían los clásicos. En realidad no existe la opción entre vivir juntos o vivir en soledad, entre el *bíos theoretikós* sobre el *bíos politikós*, por utilizar las palabras de Cicerón. Para poder estar solo hay primero que desarrollarse en comunidad. Algo tan evidente que el propio Pinker lo reconoce en su defensa del conservadurismo *compasivo*. Salvo que se piense que la *compasión* procede del *espacio*. Marx no se preocupó de la *evolución genética*, que conocía y valoraba, sino de la *historia*, y de la forma en que se puede trasformar el mundo. Es decir, de la evolución de las sociedades y no de las especies, que consideraba adecuadamente descrita por Darwin, aunque discrepara en algunos enfoques *ideológicos.*[104]

Y, por si faltara algo, utiliza el mismo procedimiento con Lenin, *que aprobaba el ideal de Nikolai Bujarin de la fabricación del hombre comunista a partir del material humano de la era capitalista.* Es evidente que la admiración por la industria, base del progreso y el socialismo (Lenin decía que era la *electricidad* más los *soviets*) produce frases poco afortunadas, que hay que situar en su justo plano histórico y darles la importancia teórica que tienen. Pero no debemos escurrir el bulto. Es cierto que teóricos del marxismo de finales del siglo XIX y XX manejaban con demasiada soltura (y llevaban a la práctica con criminal desenvoltura) el concepto de *hombre nuevo comunista*. El propio concepto tiene resonancias cristianas, que lo entroncan con la mística y la religión, y *explican* pero no *justifican el fanatismo* en su aplicación. El que seamos la única *especie* capaz de crear *evolución* (lo hacemos cuando domesticamos plantas y animales, o manipulamos bacterias, gusanos, moscas, y otros animales en el laboratorio), lo que por cierto es una de las pruebas más poderosas de su realidad, puede estar en la base de una aberrante ampliación de esta capacidad al concepto de *fabricar* un *hombre nuevo*, y demuestran una incomprensión trágica de las leyes de la evolución social. Los millones de muertos que tal error ha generado son tan condenables como los que ha producido el capitalismo a lo largo de la historia. Pero nada de esto tiene que ver con una discusión científica, sino con un uso torticero del marxismo para combatirlo bajo pretexto de combatir la *Tabla rasa*. Simplemente política, y de baja calidad.

Pero lo que raya la infamia, es la afirmación de que la conexión ideológica entre el socialismo marxista y el nacionalsocialismo no es descabellada: *la creencia de que la historia es una sucesión preordenada de conflictos entre grupos de personas, y que la mejora de la condición humana sólo puede surgir de la victoria de un grupo sobre los demás. Para los nazis, los grupos eran las razas; para los marxistas, las clases. Para los nazis, el conflicto era el darvinismo social; para los marxistas, la lucha de clases. Para los nazis, los destinados a la victoria eran los arios; para los marxistas, el proletariado. Las ideologías, una vez llevadas a la práctica, condujeron a atrocidades en pocos pasos: la lucha (muchas veces un eufemismo de «violencia») es inevitable y*

130

beneficiosa; determinados grupos de personas (las razas no arias o los burgueses) son moralmente inferiores; las mejoras en el bienestar humano dependen de su sometimiento o su eliminación.

Para tal disparate, Pinker aduce algunas pruebas contundentes, como que Hitler había leído a Marx. Es de suponer, pero también a Nietzsche, y nadie culpa al filosofo alemán de haber inspirado al nazismo con su teoría del *superhombre*. ¿Cómo explica Pinker el apoyo inicial, y entusiasta, de Heidegger a Hitler, aunque luego se distanció y, finalmente, lo repudió?. ¿No le dice nada la intima relación de la gran industria alemana, con Krup a la cabeza, y el nazismo? ¿Por qué no habla de los líderes norteamericanos y europeos que, temerosos ante el avance de la URSS, no dudaron en alentar o hacer la vista gorda ante la actitud beligerante de la Alemania Nazi?. Pinker demuestra un antimarxismo bastante ramplón.

Equiparar a judíos con burgueses, nazismo con marxismo, es un disparate lógico y una aberración histórica que insulta la memoria de los millones de luchadores comunistas contra Hitler. Es la clásica tergiversación, donde los planos ideológico, político y económico, se mezclan interesadamente. Los nazis pretendieron eliminar a los judíos (y a los gitanos, eslavos, por no hablar de homosexuales, rojos, y enfermos mentales) por considerarlos una *raza* inferior o seres *degenerados*, causantes de todos los males, ¡incluido el marxismo, Marx era judío!, mediante la eliminación física. Por supuesto, tras este genocidio había también intereses económicos, políticos y sociales. No hay que olvidar que los fascismos surgen como una respuesta violenta a los movimientos obreros revolucionarios, y para frenar a los soviets. Nada que ver con el marxismo, que postula una sociedad sin clases, pero no mediante la eliminación física de sus elementos dominantes (capitalistas, terratenientes, campesinos ricos), sino con la construcción de una sociedad que anula los motivos por los que se forman, fundamentalmente la propiedad privada de los medios de producción y comercialización. Es decir, desaparece la clase pero no el individuo. Es más, los burgueses, al estar generalmente más preparados técnica e intelectualmente, tienen un importante papel que jugar en el socialismo, aunque dentro del marco de la nueva legalidad democrática, tal como hizo la burguesía con lo más valioso de la aristocracia. Nada nuevo, por tanto. La persecución de cuadros burgueses (también de cuadros comunistas incómodos, incluyendo el estamento militar) por Stalin fue no solo un crimen, sino un disparate desde el punto de vista de la construcción de un *sucedáneo* de socialismo. Por supuesto, queda la persecución política, que no es precisamente privativa del *socialismo real*. La historia del capitalismo está llena de persecución, crimen y represión, como debería saber Pinker, a poco que analizara la historia de su país. La represión política soviética se produce en circunstancias históricas adversas, frente a una contrarrevolución sanguinaria, apoyada por la iglesia y las potencias capitalistas. Las semejanzas con la etapa del terror en la Revolución Francesa son tan evidentes que no es necesario insistir en ellas. En cualquier caso, deducir de la teoría de Marx sobre la evolución de las sociedades las prácticas criminales del comunismo estalinista o maoísta es tan disparatado como deducir el Holocausto de las teorías de Darwin sobre la evolución de las especies. Se trata de un peligroso juego de conceptos, de *ideología novelada*, y no de un pensamiento científico, ni siquiera filosófico, para solaz de los *remasticadores* de frases, en palabras de Antonio Gramsci. Un modo de plantear la cuestión que no sirve más que para justificar las posturas políticas más reaccionarias, incluidas las dictaduras *anticomunistas* patrocinadas, apoyadas o consentidas por los EE.UU.. Pero de eso Pinker no dice una palabra. No es *genética*.

En resumen, Pinker hace una caricatura del marxismo y la plasmación de cierta forma de entenderlo en el *socialismo real* que no se sostiene. Aunque, hay que reconocerlo, los guardas rojos maoístas, los jemeres rojos, los guerrilleros de sendero luminoso, y otros de similar ignorancia y brutalidad, han contribuido a hacerla plausible. En cierto sentido, me recuerda a las caricaturas con las que fueron combatidas las teorías de Darwin por sacerdotes y científicos, con la diferencia de que al tratarse de la evolución biológica, sin implicaciones políticas o practicas directas, no causaron mas que risión en los más ignorantes e indignación en las mentes mas lucidas. Pinker tiene todo el derecho del mundo a considerar el marxismo una teoría errónea, y apoyarse para tal consideración negativa en la fracasada experiencia histórica del *socialismo real*. Pero como científico, debería intentar separar su *ideología* de su *ciencia*, al igual que lo hacen pensadores más rigurosos, como el politólogo liberal Isahia Berlin (1909 - 1997),[105] o la misma Anna Harent (1906 -1975).[106] Criticar a Marx con inteligencia y rigor es la mejor aportación que pueden hacer al marxismo sus detractores.

Antes de seguir, quisiera añadir unas palabras a su idea de que el marxismo, *aparte de ofrecer una justificación del conflicto violento,* (introduce) *la ideología de la lucha entre grupos* (y) *prende fuego a una característica inmunda (¿e innata?) de la psicología social humana: la tendencia a dividir a las personas en grupos de dentro y grupos de fuera, y a tratar a los grupos de fuera como menos humanos.* Pasemos por alto eso de la psicología social humana, que parece bastante *marxista*, y centrémonos en la tendencia humana a dividir a las personas en grupos. Es una forma curiosa de entender

las clases, que serian fruto de la naturaleza humana, ahora también social. Pero olvida Pinker que las clases y su
lucha no son una creación de Marx. El termino *clase*,
referido a grupos sociales, aparece en el siglo XVIII, si
bien no tenía la significación social de la palabra latina
classis, que los censores romanos utilizaban en la división de la población por grupos de contribuyentes. Era
más bien un concepto extraído de las ciencias naturales,
utilizado sobre todo en biología. Así, uno de los miembros más destacados de la Ilustración escocesa, Adam
Ferguson (1723 - 1816), ya habla en 1767 de que *las crea-
ciones de la fantasía son diferenciadas, igual que los
objetos de la observación de la naturaleza, en clases y
tipos; las reglas de cada clase en particular se las reúne
especialmente.*[107] Era una denominación neutral de la
ordenación de fenómenos sociales, sin indicar estratifica-
ción social, sino como sinónimo de *estamento* o *rango*.
Jean Paul Marat, quería organizar *le peuple como classe*
(Laclau quiere organizar *las clases como pueblo*, en una
curiosa pirueta populista). No será hasta mediados del
siglo XIX que comienzan a diferenciarse plenamente las
clases, aplicadas a la burguesía y a los obreros. La nobleza y los artesanos por el contrario, son caracterizados
como *estamentos*. En cuanto al estrato medio, ya aparece
entre los filósofos sociales ingleses y franceses como
middle class o *classes moyennes*. Pero, insisto, el concepto de *clase*, basado en la ubicación dentro del sistema
productivo, no fue creado por Marx, sino que se encuentra ya en los fisiócratas. Por ejemplo, el economista francés François Quesnay (1694 - 1774) distingue entre la
classe productive de los campesinos, la *classe distributi-
ve* de los propietarios inmobiliarios, que vive de los excedentes del suelo y de rentas beneficiarias, y la *classe sté-
rile* de los comerciantes y trabajadores manuales.[108] A su
vez, Claude-Henri de Rouvroy, conde de Saint-Simon
(17860 - 1825) partía de la existencia de tres clases: los

nobles, los *bourgeois* y los *industriels* (empresarios y obreros), clases que la Revolución Francesa había reducido a las dos últimas.[109] Por último, Jean Baptiste Nothomb (1805 - 1881), coautor de la constitución belga después de la revolución de 1830, proclamaba: *Hemos eliminado a la nobleza y al clero como factores de fuerza en el Estado, pero siempre habrá dos clases de hombres: una que vende el trabajo y otra que lo paga.*[110] Por otra parte, hay que señalar, frente a una visión simplista de las clases y su lucha, que para Marx la sociedad de su tiempo estaba estructurada de un modo mucho más complejo, con subgrupos de las dos grandes clases, como analiza en *18 brumario de Luis Bonaparte*,[111] donde habla de *pequeña burguesía* como clase de transición, de la *clase de los campesinos de parcela*, o los *funcionarios*, verdadero ejercito de trabajadores sin vinculación directa con la producción industrial. Evidentemente, su idea de que tarde o temprano estos *subgrupos* tendrían que optar por unirse a la burguesía o al proletariado era demasiado simplista, lo que dificultaba abordar los complicados problemas de la lucha política, y el papel creciente de la clase media, cuya importancia reconocía: *la gran masa de la clase media de París* (había apoyado esta) *gran revolución, en la que la clase obrera había sido abiertamente reconocida como la única capaz todavía de una iniciativa social.*[112] De hecho, Marx trató de desarrollar el concepto socioeconómico de clase en el capítulo 52 del inconcluso Tomo III de El Capital. Allí, Marx distingue, frente al modelo *biclasista* recogido en el *Manifiesto Comunista*, tres clases: *los propietarios de fuerza de trabajo, los propietarios de capital y los propietarios inmobiliarios*, cada uno con su fuente de ingresos distinta: *salario, beneficio y renta.*

Actualmente, el desarrollo económico del capitalismo financiero, con la primacía del sector de servicios,

ha *difuminado* las clásicas fronteras entre las clases liga-
das a la industrialización, originado nuevos grupos sociales con un papel cada vez más destacado por su importancia en el sistema productivo, como son los profesiona-
les cualificados, y otros grupos que no se pueden calificar
de clase, como los pensionistas, cuyo papel político no
hará sino crecer con el paulatino envejecimiento de la
población en los países más avanzados económica y socialmente.

Pero esta es otra cuestión.

Retomando el hilo, es un hecho que los *ideólogos*
del capitalismo desarrollado, apoyándose en la diversifi-
cación y complejidad de las estructuras sociales, niegan
las clases y sus luchas, como antes hicieran los fascismos.
Una de las formas de esa *negación* es achacar al marxismo cosas que no dice. Marx lo que hace es darle un *papel*
a lucha de clases en el proceso histórico. Papel o función
con el que se puede estar de acuerdo o no, pero que resulta pueril negar. Tras la II Guerra Mundial, el capitalismo democrático ha buscando la forma de *integrar* la
lucha de clases en el sistema, como un importante factor
de reforma frente a las resistencias de los sectores más
retrógrados, temerosos de que en una democracia liberal
los trabajadores, al ser mayoría, pudieran poner en peligro su dominio y el sistema. El derecho de huelga, la libertad sindical, la negociación colectiva, incluso la participación en los consejos de administración de los representantes de los trabajadores, son conquistas de la lucha
de clases, que han costado mucha sangre y sufrimiento, y
no concesiones graciosas de gente con sentido *moral*.
Ahora las reconocen todas las sociedades capitalistas
democráticas, aun cuando traten de limitarlas, particularmente en épocas de crisis económica como la actual.
Pero no siempre ha sido así, y Pinker debería saberlo.[113]

Visón Trágica y Visión Utópica.

Pero pasemos por alto esta parte *panfletaria* del libro y vayamos directamente a los aspectos más descaradamente *políticos* de Pinker. Por ejemplo cuando habla de conceptos tan poco científicos como *Visión Trágica* y *Visión Utópica*. Una argumentación que, al partir de premisas falsas, solo puede llevar a conclusiones erróneas, e interesadas: negar la *posibilidad* de la sociedad socialista. Que es el empeño de un libro capaz de crear un falso debate contra enemigos imaginarios.

Por ejemplo, habla de que *algunas de las batallas actuales entre la izquierda y la derecha resultan directamente de estas diferentes filosofías: mucha o poca intervención del gobierno, muchos o pocos impuestos, proteccionismo frente a comercio libre, medidas que intentan reducir resultados indeseables (la pobreza, la desigualdad, el desequilibrio racial) frente a medidas que sólo allanan el campo de juego y aplican las normas.* Pasando por alto el que hable de diferentes *filosofías* cuando se trata de diferentes *políticas,* que pueden estar sustentadas por similares *filosofías,* por ejemplo el *personalismo comunitario* y *liberalismo progresista,* acota las batallas entre *izquierda* y *derecha* a las que se dan entre neoliberales y socialdemócratas. Es decir, entre en dos *visiones* de cómo funciona mejor, y cómo es más justo, el sistema capitalista. Si solo se tratase de eso, y no hubiera más opciones, es evidente que ambas tienen su parte de razón, como demuestra los éxitos y fracasos en las sucesivas alternancias en el gobierno en los países desarrollados europeos y, en menor medida, con demócratas y republicanos en EE.UU.. Es una postura comprensible, porque el libro de Pinker es anterior a la actual Gran Crisis Económica de 2008, que ha terminado afectando a la política y a las instituciones, y puesto en cuestión ese bipartidismo por los movimientos sociales y organizaciones políticas emergentes. Para Pinker, el resto de las opciones políticas queda fuera de su campo de visión, tal vez porque el derrumbe del *campo socialista* y la *marginalidad* de los partidos comunistas le ciegue. Su objetivo es disipar toda vana ilusión (*Visión Utópica*) de cambiar *radicalmente* la sociedad, ya que el individuo tiene unas *limitaciones naturales* que lo impiden. Eso explica frases como la siguiente: *La reforma política radical, como la reforma judicial radical, será más o menos atractiva en función de la confianza que uno tenga en la inteligencia y la sabiduría humanas.* Es decir, para Pinker todo depende de factores vinculados a su concepto de *naturaleza humana,* y a su *innatismo*, y no a las necesidades concretas de individuos concretos viviendo en una sociedad concreta, con sus objetivos personales, sus aspiraciones materiales y *culturales*, cuyas posibilidades de ser alcanzados o realizados depende del modelo sociedad donde viven, del lugar que ocupan en el sistema productivo, y de su posición en la escala social. Y, por tanto, de su capacidad de acceder a la riqueza y la educación, de la posibilidad de asociarse con personas con similares demandas e intereses para defenderlos, y de su lucha frente a las estructuras y los mecanismos políticos, económicos y sociales, que amparan y perpetúan dicho sistema. Pinker es incapaz de ir mas allá del *moralista* Adam Smith. ¡Qué se le va a hacer!. Si lo fuera, seguro que abrazaría entusiasmado la causa socialista como hicieron en su día tantos científicos. Pero..., siempre hay un pero cuando no se quiere ser consecuente, el primer intento de *socialismo* ha sido un fracaso y eso nunca lo perdona un científico. Claro que alguien con una verdadera mentalidad científica sabe que muchas teorías científicas han tenido que superar fracasos empíricos, antes de ser validadas, tras los necesarios ajustes, por la experimentación. Y si es así en física, no digamos cuando se trata de proyectos y realizaciones humanas. Es como si los intentos fracasados de revoluciones liberales en Europa invalidaran la propuesta democrático-burguesa. Por eso, la opción socialista tiene que ser *crítica* (aparte de *científica,* como quería Marx) y de nuevo cuño.

Pero sigamos con la *batalla* contra la *utopía.* Pinker llama a escena al entomólogo y biólogo estadounidense Edward. O. Wilson (Birmingham, 1929) y sus aportaciones a la sociobiología en los años setenta (toda una eternidad, por cierto, en ciencias cognitivas), a la biología evolutiva y la genética conductual. Un duro golpe para la *Visión Utópica,* que Pinker aplica a los *científicos radicales.* El panorama es desolador: *ahí estaban los científicos, hablando de genes egoístas. Y diciendo que las adaptaciones no se producen por el bien de la especie, sino por el de los individuos y sus parientes* (como si reivindicara la afirmación de Thatcher de que «no existe eso de la sociedad»). *Que las personas escatiman el altruismo porque es vulnerable a los estafadores. Que en las sociedades anteriores al Estado los hombres iban a la guerra incluso cuando se sentían bien alimentados, porque el estatus y* <u>*las mujeres son unos incentivos darwinistas permanentes*</u> (el subrayado es mío), etc.. Quiero pensar que esto último es una mala traducción, porque de lo contrario demostraría una vena *machista-darwinista* inesperada en Pinker. No es posible que haya querido decir, aunque *lo dice,* que la *posesión, rapto,* (¿también la *violación?*) de la mujeres, una práctica desde luego muy antigua, sean consecuencia de *incentivos darwinistas permanentes,* que deben, esos sí, ser *reprimidos.*

Unas palabras sobre el altruismo, que Wilson menciona de pasada. Desde que en 1966 George Christopher Williams publicara su clásico *Adaptation and Natural Selection,* biólogos, junto con *científicos sociales,* se han empeñado en desacreditar el concepto *al-*

truismo, que no sería más que un *camuflaje* del *egoísmo* (a los *genes* solo les interesa hacer copias de si mismo). O, en el mejor de los casos, una especie de *altruismo recíproco* (te ayudo si me ayudas, y en igual medida). Es una forma de *falacia nominal,* que en biología se manifiesta por la propensión a etiquetarlo todo, sean moléculas, partes de la anatomía, funciones fisiológicas, organismos, o ideas. *Falacia* que eleva a la categoría de *universal congénito* lo que son manifestaciones de la sociedad clasista. Lo cierto es que el *altruismo* es parte esencial de la *naturaleza humana,* modelado por la *cultura.* Una *capacidad* cuya *potencialidad* no hemos desarrollado plenamente, algo que solo podrá ocurrir con el socialismo y la futura sociedad sin clases. Tras este pequeño inciso, volvamos a Pinker.

Como era de esperar, los *utópicos* del movimiento de la *ciencia radical,* alarmados por sus posibles implicaciones *políticas* y *culturales,* y sin negar los descubrimientos de la sociobiología, pasaron al contraataque afirmando que: *los descubrimientos actuales sobre la inteligencia y la motivación humanas son irrelevantes.* Desde luego, la alarma estaba más que justificada. Parecía más una declaración de principios que algo sustentado en los datos empíricos. Pero la realidad es testaruda, y la ciencia avanza, las investigaciones profundizan en los hechos, los descubrimientos desvelan nuevas realidades y desenmascaran falsas teorías. Posteriores investigaciones a los trabajos de Wilson, que ya he mencionado, demuestran que tenían razón. Y que no la tiene Pinker, cuya *opinión* (¿pero no era ciencia?) tiene que admitir que *es que las nuevas ciencias de la naturaleza humana realmente justifican cierta versión de la Visión Trágica.*

Y si descendemos al detalle, la referencia al *gen egoísta* es *impertinente* (en sentido etimológico de la palabra). En primer lugar, lo que dice Richard Dawkins es que solo evoluciona genéticamente el individuo, algo obvio. Es su campo como etólogo, pero no niega la evolución social, ¡cómo iba a hacerlo!. Basta con echar un vistazo a la historia. Él se mueve en el plano de la evolución de las *especies*. Si fuera químico se movería en el plano de las reacciones químicas. Prudentemente, no entra en el plano del cambio y trasformación de las sociedades humanas. Entre otras cosas porque la evolución *social* no es genética *cultural*. Los individuos siguen, sin duda, evolucionando, pero ya de una manera subordinada y carente de significado *humano*. Al menos por ahora, porque hay quien espera surgimiento *evolutivo* de otra *especie* de *Homo* con capacidades superiores a las nuestras. Pero, de momento, desde el punto de vista genético somos prácticamente iguales a los primeros *Homo sapiens sapiens*. Sin embargo, las formas de organización social de los individuos ha sufrido cambios y trasformaciones profundas, lo mismo que la *cultura*, pese a ciertos rasgos comunes, lógicos al tratarse de realizaciones de la misma especie. No existen *genes* del capitalismo, aunque si podemos hablar de su ADN (relaciones de producción basadas en la propiedad privada de los medios creadores de riqueza, y su *ideología* correspondiente). No hay nada mas pernicioso (y a veces peligroso), que un biólogo metido a político. Las ciencias biológicas no tienen mucho que decir, salvo en el campo de la sociobiología, sobre los mecanismos implícitos en la evolución, cambio y trasformación, de las sociedades humanas; cambios que incluyen, por cierto, la *lucha cultural* como uno de sus elementos fundamentales. En definitiva, Pinker lo que hace realmente es afirmar que las *ciencias humanas* justifican la *permanencia* del capitalismo, única sociedad donde pueden, con *talla moral*, realizarse las aspiraciones de los individuos. Solo cabe su mejora, por lo que acepta como *animal de compañía* ciertos presupuesto de la *Visión Utópica*.

Lo que viene a decir Pinker es que siempre habrá guerras, crímenes, robos, estafas, violaciones.., porque está en la *naturaleza humana,* que es nuestro código genético, al menos en gran medida. Así que, ¡abandonar toda ilusión utópica de cambiar la sociedad! Solo cabe esperar que la *moralidad* de dada uno, ayudada sin duda por las medidas judiciales y represivas adecuadas, refrenen los aspectos negativos y permitan que afloren los positivos: generosidad, empatía, cooperación. convenientemente recompensados por el aplauso social y el bienestar personal. Pero, tal vez temeroso de que le confundan con un científico retrógrado, muestra cierta *simpatía* y comprensión por la *Visión Utópica,* aunque solo sea para descalificarla. Por eso, no tiene inconveniente en afirmar que: *la Visión Utópica de que la naturaleza humana podría cambiar radicalmente en alguna sociedad imaginada del futuro remoto no se puede refutar literalmente, claro está, pero creo que muchos de los descubrimientos* (genéticos se entiende) *la hacen improbable.* No es *imposible,* pero resulta *improbable.* La prudencia del científico. Algo es algo.

Resulta curioso que un evolucionista niegue en la práctica, por *improbable,* la evolución de la sociedad, como si fuera una entidad mas allá de las leyes de la naturaleza. Como si mas allá de la *biología* solo existiera la *moral,* ésta condicionada irremediablemente por la *genética.* Al final, tanto denostar el Fantasma en la Maquina, y reaparece. Solo que ahora la *sociedad* es la Máquina y la *moral* el Fantasma.

Para Pinker, las causas de la *improbabilidad* son las siguientes:

Primacía de los lazos familiares. Que se daría *en todas las sociedades humanas,* con *el consiguiente atractivo del nepotismo y la herencia.* Pero el mismo concepto de *familia* ha tenido y tiene muchos y variados contenidos. Y no siempre ha *primado* sobre el grupo, la tribu, o el Estado, cono ocurría, por ejemplo, en Esparta.[114] Eso por no hablar de los factores culturales que anulan dicha supuesta *primacía* de la familia, y que permiten su sacrificio (en mayor o menor grado) por la patria, la religión, la política, la profesión, el arte, etc.

Limitado alcance del reparto comunal. *Primaría en los grupos humanos, el espíritu más común de la reciprocidad y los consiguientes fenómenos de la vagancia social (¿?) y el colapso de las contribuciones a los bienes públicos cuando la reciprocidad no se puede llevar a la práctica.* Una teoría que parece olvidar los estadios sociales donde primaban la comunidad de bienes, el famoso *comunismo primitivo,* propio de las primeras comunidades nómadas de humanos donde la dependencia de la naturaleza (caza y recolección) exigía un trabajo conjunto y una propiedad común de los alimentos e instrumentos. El *comunitarismo* también puede ser fruto de opciones *culturales* como respuesta a un medio adverso, como las primeras colectividades cristianas, o los movimientos de protesta de mediados del siglo pasado. En cuanto a esa joya llamada *vagancia social,* recuerda demasiado a la represión franquista de los inadaptados sociales y su ley de *vagos y maleantes.* Gente más o menos trabajadora siempre habrá, la cuestión es que no haya gente que se lucre con el trabajo de los demás, ¿no le parece señor Pinker?.

Universalidad del dominio y la violencia. Que estaría *en todas las sociedades humanas* debido a *la existencia de mecanismos genéticos y neurológicos subyacentes.* Es indudable que la historia de la humanidad ha sido, y todavía desgraciadamente es, una historia llena de guerra y violencia. Pero esto lo único que demuestra es el nivel de *barbarie* evolutiva en el que todavía nos encontramos. Pinker olvida, y de ahí su *pesimismo gené-*

tico, que la violencia *innata* es inseparable de su dimensión *cultural*, salvo la *gratuita* (de un asesino en serie, por ejemplo, lo que indica claramente una patología neuronal, que no anula, sin embargo, la responsabilidad). Es decir, el impulso *innato* de defensa mediante la *agresión*, se manifiesta *culturalmente* y puede, por tanto, revertirse (*sublimarse, en lenguaje psicoanalista*) en una fuerza positiva dentro de una sociedad donde desaparezcan los motivos para la violencia.

Universalidad del etnocentrismo. Lo que se traduciría en *hostilidad entre grupos en todas las sociedades*, que puede ser fácilmente instigada *en las personas dentro de nuestra propia sociedad*. De nuevo un concepto *cultural*, (creerse y sentirse superior a otros por razón de raza, nacionalidad, sexo, religión) elevado a categoría de condicionante genético. Para que exista esa *hostilidad* hacen faltan *motivos*, más allá de la defensa del territorio y los medios de sustento, común a numerosos animales. Solo se puede hablar de *etnocentrismo* cuando esos *motivos* se *racionalizan*. Las guerras de religión, por ejemplo, entre católicos y protestantes, que duraron 100 años, estaban *motivadas* por más intereses que los *ideológicos,* lo que explica las alianzas cruzadas entre los distintos contendientes.

Heredabilidad parcial de la inteligencia. A la que Pinker añade *la escrupulosidad y las tendencias antisociales* (¿también heredadas *parcialmente*?), *lo que implica que se originará cierto grado de desigualdad incluso en sistemas económicos perfectamente justos, y que, por consiguiente, nos enfrentamos a un equilibrio inherente entre la igualdad y la libertad.* Este es el núcleo de los supuestos impedimentos *naturales* para la *Visión Utópica*. Ya hemos visto como el concepto mismo de *heredabilidad* aplicado a la *inteligencia* es sencillamente falso. En primer lugar, parte de una visión sorprendente *lamarkista,* impropia de un científico de la talla de Pinker, inscrita en cierto *neolamarkismo* puesto de moda por Jay Gould, aunque éste nunca habló de que la *inteligencia* se pudiera *heredar,* ni siquiera *parcialmente* (lo que presupone que la *inteligencia* puede *trocearse).* En segundo, no precisa la *parcialidad* de dicha herencia, por lo que, o resulta poco significativa, en cuyo caso no tiene sentido sacarla a colación, o es suficientemente significativa como para condicionar seriamente las posibilidades intelectuales de los individuos, en cuyo caso el papel del *aprendizaje* y la *educación* se relativizan peligrosamente al recaer *genéticamente* en la persona gran parte de su situación de *desigualdad.* No es de extrañar que hable de *equilibrio entre igualdad y libertad,* como si fueran conceptos enfrentados en relación inversa: a más igualdad menos libertad. Un disparate que lleva a la idea de restringir alguna de ellas para conseguir el ansiado *equilibrio* (¿de mercado?).

Predominio de los mecanismos de defensa. A los que añadir las *parcialidades interesadas* y la reducción de la *disonancia cognitiva,* que hace que las personas se engañen a sí mismas *sobre su autonomía, su sabiduría y su integridad.* Uno ya no sabe, a estas alturas del libro, si Pinker se está refiriendo a si mismo. Todos tratamos de ser *benevolentes* o *implacables* con nosotros mismos, como forma de superar situaciones de insatisfacción personal, fracaso social, stress, o frustraciones varias. Muy *humano.* Lo que no se entiende es a cuento de qué viene tales disquisiciones a la hora es de demostrar la *improbabilidad* de la *Visión Utópica.* Pero la *perla* viene a continuación.

Parcialidad del sentido moral humano. Donde Pinker incluye *una preferencia por los parientes y amigos, una susceptibilidad hacia la mentalidad tabú y una tendencia a confundir moral con conformidad,* *rango, limpieza y belleza*. Adiós *biología*, adiós *genética*, bienvenida *moral*, con sus pompas y sus obras. ¿Por qué la *naturaleza humana* no incorporaría una *moral inconformista, limpia y bella?*. Porque entonces la *Visión Utópica* tendría más posibilidades de ser cierta. Y, de paso, nos habríamos evitado las guerras, el esclavismo, el racismo y la xenofobia, el sexismo, la homofobia, la opresión feudal y religiosa, la explotación económica.

A poco que se analice en profundidad, todos estos factores de *improbabilidad,* salta a la vista que se trata de razones espurias que en nada invalidan la posibilidad de la futura sociedad socialista, ya que esta surge de la propia sociedad capitalista y no de *universales innatos* y *variabilidad innata*, permanentes desde que el hombre es hombre. Resulta penoso que un científico de la categoría de Pinker, cuyos conocimientos sobre cognición visual y psicología del lenguaje son muy meritorios recurra a frases tan poco honestas como afirmar: *que los datos científicos convencionales* (¿los hay no convencionales?) *nos dicen que la mente no es infinitamente maleable*, ¡como si alguien afirmara tal cosa! para refutar a supuestos *gigantes* de la ciencia, que en realidad son *molinos de viento*. Perdido en una concepción *religiosa* de lo que es la *naturaleza humana*, tiene que inventarse adversarios, o reducirlos a caricaturas, para argumentar lo que, bajo tantos datos científicos y alusiones filosóficas, es su objetivo: mostrar la *improbabilidad*, en el fondo rechazo, de trasformar el capitalismo democrático en una *utópica* sociedad socialista.

Al final, Pinker tiene que apelar a *la esperanza de que las personas sean capaces de colocar a los extraños dentro del círculo moral a prueba de violencia*. Pero ¿por qué habrían de hacerlo?, ¿qué les aportaría el hacerlo?, ¿como podrían hacerlo?, ¿que garantizaría que tuvieran éxito en el empeño?. Las respuestas a estas preguntas nos llevan inexorablemente a la sociedad y sus estructuras económicas, jurídicas, sociales, así como a la *cultura* dominante, que incluye la *moral*. Salvo que se parta de que la *moral* es un don divino que el diablo trata de anular con promesas de bienes materiales, poder, juventud, y sabiduría (la misma que estaba prohibida alcanzar en el paraíso y que nos ha traído tantas desgracias, entre ellas la *naturaleza humana* según Pinker). Y si enfocamos el objetivo en la sociedad, entonces el planteamiento de ciertos *universales innatos* salta por los aires. Porque resulta que la libre competencia, con sus indudables logros económicos, es campo de cultivo de la violencia y la agresividad; que la propiedad privada de los medios de producción y distribución alienta y alimenta la codicia; que la estructura jerárquica en función de la riqueza genera discriminación; y así sucesivamente. No es de extrañar que Pinker se dedique con ahínco y esfuerzo, digno de mejor causa, a ilustrarnos tanto de lo *malos* que somos por nuestra *naturaleza,* como de lo *buenos* que podemos ser por nuestra *moral*. Un discurso muy viejo, que no necesita de muletas *biológicas* ni *antropológicas*.

El mundo en que vivimos, nuestro *umwelt* (entorno o subconjunto del mundo que percibimos habitualmente), está acotado no solo por su propiedades físicas, sino por las relaciones sociales jerarquizadas (familia, grupo vecinal, compañeros de trabajo, asociación, lugar de nacimiento, provincia, autonomía, nación, agrupación supranacional), y por la *cultura* que limita tanto el campo de visión racional como emocional. Un arquitecto ve un edificio de distinta manera que un profano, un astrónomo las estrellas de distinta manera que un poeta, etc. En general, aceptamos nuestro *umwelt* y no nos hacemos más preguntas. La *cultura* dominada por la *ideología liberal*, y apoyada por ciertos genetistas y sociobiológos, busca evitar que los *subordinados* se hagan la pregunta de por qué tienen que serlo, y terminen interiorizando que es por culpa suya o de la *naturaleza humana*, pero no del sistema socioeconómico. Luego llega el *liberal compasivo* y promueve políticas paliativas, dentro de un orden, su orden, que es el orden social capitalista. El problema es que el sistema capitalista propicia y necesita para mantener las tasas de beneficio la investigación tecnológica, la ciencia aplicada, que exige la ciencia teórica, y por lo tanto el conocimiento, que abre a su vez la vía de agua de los *interrogantes* y el cuestionamiento del sistema. Ampliar nuestro *horizonte* se puede lograr por distintos caminos y procedimientos, pero uno de los mas poderosos es la educación, humanista y científica. Y la *cultura* donde dominen aspectos como la cooperación, la solidaridad, el altruismo, el sentimiento igualitario, la generosidad, etc. En ese sentido el Socialismo amplía y expande el mundo de cada uno al tiempo que lo hace la sociedad.

Sin duda, la *moral*, que atañe al individuo, puede ser un factor corrector de las tendencias de los humanos a oprimir, violentar, acumular, dominar, y *tanti quanti,* que se manifiestan con tanta crudeza en el sistema capitalista. Pueden inspirar leyes progresistas, aunque la mayoría son fruto de las luchas y conquistas sociales de los *paganos,* pero no garantizan la desaparición de las injusticias, la violencia, la opresión y la explotación, aunque mitiguen algunos de sus efectos más sangrantes. Pinker piensa que es todo lo que se puede hacer, porque así somos por *naturaleza*. Otros, incluidos algunos científicos *radicales,* pesamos que es necesario platearse un nuevo modelo de sociedad que impida el desarrollo de esas conductas, eliminando las estructuras sociales que las alimentan y necesitan. La opción es, en términos evolutivos, *barbarie o socialismo*, parafraseando a la gran revolucionaria alemana Rosa Luxemburgo, aunque eliminando los precedentes *bárbaros* del proyecto socialista, que debe ser crítico (y, por lo tanto *científico* como quiso Marx) y de *nuevo cuño*.

No sé que valor científico le da Pinker a la profesora emérita de Biología de la Universidad de Harvard, la austriaca Ruth Hubbard (1924 - 2007), pero yo suscribo sus inteligentes palabras: *al contrario de la creencia popular, los científicos no son observadores de la naturaleza desinteresados, y los hechos que descubren no son simplemente inherentes a los fenómenos naturales que observan. Los científicos construyen hechos mediante una toma constante de decisiones sobre lo que consideran significativo, qué experimentos deben realizar y cómo describirán sus observaciones. Estas decisiones no son meramente individuales e idiosincrásicas, sino que reflejan la sociedad en la que el científico vive y trabaja. Por ejemplo, no nos debe sorprender que los biólogos del siglo XIX, que por definición eran hombres, encontraran razones científicas por las que las niñas no podían, o no debían, recibir la misma educación que los niños. Algunos de ellos probaron que los cerebros de las mujeres eran más pequeños que los de los hombres; otros, que la educación dañaba los órganos reproductores de las niñas, por lo que las mujeres cultivadas no serían capaces de tener hijos. Es fácil reconocer ahora que estas descripciones científicas surgieron de las creencias de la época en la que los científicos vivían. Pero todavía hoy los científicos están intentando demostrar las diferencias entre niños y niñas en función de sus habilidades espaciales, matemáticas y del lenguaje, en términos de estructura del cerebro y genes... Una de esas creencias es que la marcha de la ciencia es inmune a las presiones sociales y políticas, que los científicos pueden funcionar en un vado ideológico. Se ha probado que esta creencia es errónea. Los científicos, como grupo, tienden a obtener resultados que apoyan los valores básicos de su sociedad. Esto no es una sorpresa, ya que los científicos viven en dicha sociedad y hacen sus observaciones con los ojos de esa sociedad. Esto resulta especialmente obvio cuando los científicos estudian a personas. En el caso de la genética humana y la biología molecular, debemos esperar que el valor que nuestra sociedad otorga a la genealogía y la herencia influya en cada paso de la investigación y del discurso. Los valores sociales están incluidos automáticamente en el significado de términos científicos tales como caracteres hereditarios y genes. Esto no quiere decir que los científicos deliberadamente ignoren lo que está pasando en la naturaleza o que sus descripciones sean necesariamente erróneas, pero, especialmente en áreas que afectan muy directamente a las creencias sobre nosotros mismos, sobre nuestra sociedad y sobre otros seres vivos, y la genética cubre ese espectro, es probable que la ciencia refleje todas esas creencias.*[115]

El propio Pinker reconoce que *cualquiera que esté familiarizado con el mundo académico sabe que alimenta cultos ideológicos resistentes a la crítica y propensos a dogmatizar.* A lo que solo se me ocurre responder con: *¡De te fabula narratur!*; o, en el lenguaje popular: ¡aplícate el cuento!.

La *cultura* no es un bloque monolítico consolidado de creencias, es una especie de *microbioma* que puebla nuestro cerebro, en continua trasformación y reorganización por efecto de la experiencia personal y la influencia de otras personas que ejercen sobre mostros una influencia suficientemente fuerte. Eso explica que convivan ideas con base real, junto a otras falsas. Por ejemplo, la mitad de los estadounidenses sigue creyendo en fantasmas, tres cuartas partes en la existencia de ángeles, un tercio confía en la astrología, y el setenta y cinco por ciento afirma la existencia física del infierno. Eso por no hablar de que más del cuarenta por ciento de los norte-americanos piensa que el universo se inició después de la domesticación del perro. La ideología conservadora se sigue alimentando de la religión, cuya base irracional es susceptible de ser utilizada para fomentar nuevas creen-cias de todo tipo. Si lo dice mi pastor, que está inspirado por Dios, debe ser cierto. Es una forma burda, pero no única, de *Subyugación Ideológica*. Los seres humanos tendemos a recordar mejor los datos que encajan con nuestras creencias que las informaciones que las contra-dicen, flaqueza intelectual conocida con el nombre de *sesgo de confirmación*. Una actitud que recuerda la frase *marxiana* de Groucho: *¿A quién va usted a creer, a mí o a sus propios ojos?*. Pinker debería saberlo. ¡Es la ideolo-gía, estúpido!

En fin, el resto del libro es una serie de ejemplos sobre violencia, feminismo, discriminación, hijos, arte, que no hacen sino incidir en lo ya dicho. Tanto alarde de erudición para repetir una y otra vez los mismos argu-mentos levanta la sospecha de que Pinker tiene pánico, bastante justificado por otra parte, a que se le pueda aso-ciar con una forma *amable* de *darvinismo social*. O que se le mal interprete. Espero no haberlo hecho yo. Si es así, pido humildemente disculpas.

Ya es hora de hablar del socialismo.

IV. SOCIALISMO: NECESIDAD Y POSIBILIDAD

Recapitulemos las principales ideas expuestas hasta ahora, aunque para hacerlo me haya valido del libro de Pinker, y que englobaría lo que entiendo como la teoría marxista de la evolución de las sociedades humanas.

Igual que las cosas ocurren porque existen *leyes* de la naturaleza que dictan que así han de suceder, dado que son una consecuencia del estado del universo y del sesgo de su evolución, la evolución de las sociedades humanas se produce por que hay *leyes* que dicen qué *puede* ocurrir. No son leyes *deterministas* como las de la mecánica de Newton, sino *probabilísticas*, (como ocurre en la física cuántica), porque los componentes de la sociedad son también los *agentes del cambio*, y lo hacen enfrentados a otros componentes que pugnan por su conservación. Pero eso no significa que los cambios no estén *determinados*. Lo asombroso es que el mundo se manifiesta al tiempo *determinista* e *impredecible*, como los átomos en el interior de un recipiente repleto de gas, que se mueven de manera aleatoria, *impredecible,* pero cuyo comportamiento puede describirse mediante un sencillo conjunto de ecuaciones *deterministas*. Mediante el *teorema del límite central*, un potente instrumento matemático, podemos averiguar con bastante exactitud lo grande que ha de ser el número de acontecimientos de un conjunto para que existan *probabilidades* de averiguar la media hacia la que convergen. Aplicado a las sociedades humanas, puede resultar de ayuda para estudiar la *probabilidades* de un suceso revolucionario en función de la intensidad y cantidad de las luchas internas.

La vida en la Tierra no es fruto de un vasto plan creado por un Ser Supremo, sino un subproducto del incremento de *entropía* que registra el entorno, que se encuentra lejos del equilibrio. En las sociedades humanas ese aumento de la *entropía* se origina por los desequilibrios generados *entre fuerzas productivas y relaciones de producción*, que produce *disfuncionalidades* del sistema. Esto no supone una visión *fisicista* de la evolución de la sociedades, porque todo es consecuencia de la *acción* de seres que *piensan y actúan, actúan y piensan*. Como dice Dawkins, *nosotros, sólo nosotros en la Tierra, podemos rebelarnos contra la tiranía de los replicadores* (genes) *egoístas.*[116]

Los aproximadamente setenta millones de años de evolución de los primates han estado marcados, entre otras cosas, por el aumento de tamaño del cuerpo, fundamentalmente el cerebro, lo que ha conllevado un progreso paralelo de la *capacidad cognitiva*, y un grado cada vez más complejo de comportamiento *social*, que deja de tener el carácter rígido de otros animales para incorporar una dimensión *volitiva*. Hace unos cuatro millones de años, la evolución produjo un cambio trascendente, la aparición de varias especies de homínidos, los que podemos llamar nuestros antepasados, cuya característica principal es caminar erguidos, tener el gen FOXP2 del lenguaje activado, poseer pulgares oponibles, manipular objetos a modo de rudimentarias herramientas, y ampliar los nichos ecológicos en la busca de alimentos. Finalmente, hace unos dos millones de años, ya camina sobre la tierra el *Homo*, un ser con una inteligencia mucho más desarrollada y aguda, lo que le permite crear instrumentos para acceder más fácilmente a su fuentes de subsistencia e idear formas de hallar alimentos nuevos. Todo ello habría ampliado su base económica, y propiciado un sistema social más sofisticado, basado en el lenguaje, para mantener, defender y ampliar el tipo nuevo de economía.

A la evolución *biológica*, que afecta a los individuos, se le une la evolución *social*, que afecta al modo de relacionarse los individuos entre sí dentro de en un grupo, lo que finalmente se convertirá en la forma predominante y característica de nuestra especie, la creación de *cultura*.[117] En la base de todo el proceso evolutivo humano, la capacidad cerebral para *pensar* y *hacer, hacer* y *pensar*. En un proceso que lleva aparejado la *conciencia* y la *consciencia*. Ese nuevo y sorprendente *moldeado* de la *naturaleza humana* no es producido por la evolución *genética*, que a lo sumo puede cambiar aspectos *secundarios*, evolutivamente hablando, como caracteres físicos, aspectos fisiológicos, capacidades inmunológicas, superación de enfermedades y malformaciones congénitas, etc. sino *socio-culturales*. En una palabra, somos los autores de nuestra *evolución social*, capaces de construir sociedades cada vez mas desarrolladas, justas y estables. Superando la fase azarosa e indiferente de la evolución biológica, el ser humano comienza a ser dueño de su destino. Como dice el cosmólogo y astrofísico inglés Martín Rees (Yorkk 1942), Director del Trinity College de Cambridge, el *Hono sapiens sapiens* es la primera especie conocida que posee la capacidad de moldear su legado evolutivo.[118] Una especie *resiliente* que se propaga por todos lo *nichos* que encuentra hasta colonizar el planeta Tierra (de momento).

Sin duda, somos una *rareza* evolutiva, un prodigio *indeliberado*, que nos deslumbra tanto por su *rareza* como ser capaces de conocerla. Y esa misma *rareza* desencadenará una serie continua e inacabada de preguntas sobre *de dónde venimos, quienes y qué somos, por qué somos como somos, hacia dónde vamos, qué hay tras la muerte.* La *cultura* se carga de *ideología,* y la religión se enseñorea de la *mente* necesitada de respuestas, mientras la ciencia lucha por desvelar las leyes que se ocultan tras los misterios.

El cambio social no se basa en variaciones genéticas (*polimorfismo*) de sus componentes, de modo que aumente la población de los más *aptos,* ya que la reproducción no tiene efecto significativo, necesario para que la *variabilidad* se transforme en *evolución,* y el concepto *aptitud* no obedece a caracteres morfológicos y fisiológicos sino *culturales.* Lo que evolucionan son las sociedades. Por lo tanto hay que buscar en ella los mecanismos *evolutivos,* la explicación de los cambios, de forma que pueda actuarse sobre ellos de forma racional y eficaz. Algo que, evidentemente, no puede abstraerse de los intereses de sus distintos componentes, organizados en grupos, clases, asociaciones, etc. Y la única explicación coherente dada hasta ahora es la marxista, con sus luces y sombras, como toda propuesta científica sobre cuestiones humanas, donde la *teoría* es parte de la *práctica,* y la *práctica* está orientada por unos presupuestos anticipadores, es decir, por la teoría. Porque la evolución de los sistemas sociales se halla desprovista de *propósito* y de *sentido* por si misma, ambas nociones las creamos nosotros. Y de nosotros depende que la evolución sea una transformación y del capitalismo pasemos al socialismo, o que continuemos en un estadio evolutivo basado en la reforma del sistema. En la evolución de las sociedades humanas no existe el *azar,* salvo en aspectos secundarios como accidentes políticos, surgimiento de un *líder* (lo es siempre de un *grupo* que le acepta, de buena o mala gana, como tal), *etc.* pero tampoco la *causalidad determi-*

nista, como pensaban algunos revolucionarios *optimistas* del siglo pasado.

Pero la evolución es *acumulativa,* no desperdicia nada de logrado a lo largo de miles de años de paciente y azaroso *moldeado,* siempre que pueda seguir siendo útil. Incluso lo *inútil* puede permanecer, si no estorba, con carácter *vestigial.* Por eso *emocionalmente* somos muy similares al resto de los grandes simios, y otros animales vertebrados. La diferencia es que la evolución ha generado un cerebro, el humano, que integra anteriores avances evolutivos hasta hacerle capaz de realizar procesos cognoscitivos superiores y crear *cultura.* Es el gran salto evolutivo donde las conquistas del conocimiento ya no se fijan genéticamente. Tienen que ser *enseñadas* una y otra vez, con cada generación, mediante el lenguaje, gestual, oral, escrito. Las emociones primarias, vitales para la supervivencia, ya no actúan solo instintivamente. La *cultura* modula, orienta o suprime su efecto en la respuesta final de nuestros actos, salvo, tal vez, en situaciones límites de *pánico.* Es lo que el lenguaje popular llama *mantener la cabeza fría.* Y lo que hace que la *cultura,* mediante su dimensión *moral,* pueda imponer sus valores a los meramente biológicos. Por eso definimos como un comportamiento *inhumano* no al que va contra nuestras *emociones primarias,* nuestros *instintos básicos,* sino al que *contraviene* los valores *culturales* dominantes en cada sociedad. Matar al que consideramos un peligro para nuestra supervivencia es una respuesta *innata,* que condiciona la conducta de todos los animales, pero que el ser humano se manifiesta *moralmente,* de forma que en unas circunstancias puede ser *bueno* y en otras *malo,* en unas *tolerable* y en otras *inaceptable.* En unos casos merecerá *condena social,* en otros *alabanzas y recompensas.* Lo mismo reza para el instinto contrario, huir, y así sucesivamente. Ese carácter no hereditario de la *cul-*

tura es lo que permite la evolución de las ideas, de las formas de relacionarse con el mundo y transformarlo, y por tanto de las sociedades humanas. En su *funcionalidad moduladora* reside su importancia como mecanismo fundamental, junto con los órganos de represión institucional, de la *preservación* de los sistemas sociales sometidos a luchas y contradicciones internas. La *cultura* no es solo el producto de la actividad cognoscitiva de los individuos, sino la manera en que interpretan la sociedad en la que viven y su papel en ella. En ese sentido, la cultura es siempre popular, aunque parcelas de la cultura permanezcan *recluidas* en ámbitos elitistas (filosóficos, científicos, jurídicos, tecnológicos) y se desarrollen en función de exigencias sectoriales. Porque la cultura es, en términos globales, popular, puede actuar el mecanismo de Subyugación Ideológica, tal como he descrito en Democracia Ampliada. Y por eso mismo tiene tanta inercia conservadora y resistencia al cambio. Solo la fuerza generada por las luchas de las clases subalternas y subordinadas crea las condiciones culturales (necesidad de interpretar lo que ocurre en la lucha) para romper, si quiera parcialmente ese mecanismo de dominio, el mas sutil pero, a la larga, el mas eficaz y resistente.

El género *Homo* (*Homo habilis, Homo erectus, Homo antecesor, Parantrupus aetiopicus, Neandertal, Homo sapiens, Homo sapiens sapiens*[119]) es el único animal que ha continuado su evolución al trasformar su relación con la naturaleza mediante la cooperación social, y no solo por selección natural biológica. A la *variabilidad* genética, que favorece a unos animales más que a otros, y que permite a los *mejor dotados* para sobrevivir y desenvolverse en el medio natural prosperar y dejar más descendencia, se incorpora una nuevo tipo de *variabilidad*, la *cultural*, no fijada genéticamente, que necesita trasmitirse y aprenderse cada vez que nace un nuevo miembro del grupo. La fabricación de instrumentos líticos, como lascas afiladas, que hicieron posible el acceso a la carne de animales grandes, la elaboración de hachas y flechas para la caza, el diseño de útiles para la preparación de la comida, etc., exige una capacidad *cognoscitiva* muy desarrollada, que incluye, aunque sea de manera rudimentaria, el lenguaje y la abstracción, tanto para coordinarse y comunicar información vital para la supervivencia, como plantearse estrategias anticipatorias. Una capacidad *innata*, fruto de la evolución, como en el caso del lenguaje ha demostrado el norteamericano Noam Chomsky.[120] Desde entonces, los actuales humanos modernos evolucionamos como *especie social-cultural,* cambiando la sociedad. Sin que ello suponga que la evolución biológica desaparezca, pero ya con carácter secundario y circunscrita a pequeños y lentos cambios de adaptación al medio. Evidentemente, como todas las especies, los humanos, en cuanto individuos, no somos un producto *final* de la evolución, sino una obra en progreso, por mucho que nuestro progreso genético sea lento y no afecte a lo esencial, a lo que nos hace verdaderamente humanos y nos distingue de otras especies: la capacidad de crear *cultura* en nuestra relación con el medio y nuestros semejantes. *Cultura* que es fruto de la evolución del cerebro hasta convertirse en un prodigioso artefacto de *ideación.* Tal vez seremos en un futuro más o menos lejano, más *altos*, más *fuertes*, más *rápidos*, sin que eso tenga un valor significativo salvo en las competiciones deportivas. Pero lo seguro es que seremos más *cultos*, *libres* e *iguales* (socialmente). Cuando evoluciona el grupo y la sociedad es porque los individuos han evolucionado *previamente*. Por no se trata de la *evolución darwinista*, azarosa y sin objetivos. Lo que *evoluciona* en los individuos es su *cultura*, entendida como el conjunto de conceptos, normas y valores con que actúa e interpreta la realidad social. Y lo hace desde su *posición* en la estructura social, y de acuerdo con la *cultura dominante,* que es en la que se ha desarrollado, aprendido y educado. El conflicto surge por la diferencia entre lo que vive y la forma como interpreta, valora y juzga su experiencia personal. Conflicto que le puede llevar a intentar cambiar lo que percibe como *malo, injusto, insuficiente,* o *insatisfactorio,* frente, y contra, a los que, por el contrario, y debido también a su situación en el sistema productivo, lo consideran bueno, justo, suficiente y satisfactorio. Y lo hace organizándose colectivamente en función de intereses comunes. La percepción del conflicto es necesariamente *cultural,* aunque las motivaciones sean materiales. Esa *dimensión* posibilita que la contestación *cultural* no sea patrimonio de una determinada clase o grupo. Depende del *análisis crítico* de la realidad, por lo que suele iniciarse primero entre las capas más ilustradas de la sociedad. No hay un punto *final* en la evolución de las especies ni en la *evolución* de las sociedades humanas, salvo la extinción, algo a lo que la humanidad tendrá que enfrentarse.[121] Los que propugnan el *fin de la historia* y el triunfo *definitivo* del capitalismo, representan una nueva modalidad de *creacionistas* sociales. Al igual que los *creacionistas* biológicos piensan que todo es obra de un creador: dios para unos, la burguesía para otros. Pero la vida sigue y con ella, lenta pero inexorable, la evolución de las especies y de las sociedades humanas.

Antes de seguir, una precisión: la *evolución social* no es una evolución *darwinista.* No afecta a los *individuos* ni es fruto del azar y la necesidad. Es un nuevo tipo de *evolución* con sus propias leyes *emergentes,* en la que lo que cambia y se trasforma es la *sociedad.* Nada que ver, por tanto, con el *darwinismo social,* un oxímoron de funestas consecuencias, que desgraciadamente ofuscó no solo a conservadores sino a progresistas. Y en cuya versión *light* cae Pinker cuando trata de alejarse de él. Pero tal vez la expresión *evolución cultural* no sea la más apropiada y pueda llevar a engaño, particularmente si se entiende desde el punto de vista *darwinista*, que es biológico. Aquí el término *evolución* se refiere a los procesos de cambio y trasformación que afectan a la dimensión *social-cultural* del ser humano. Debe entenderse en sentido *metafórico*.

El mecanismo *evolutivo* de las sociedades humana son las relaciones de producción y las fuerzas productivas, sin que pueda hablarse de *genética*. No existe el *gen* del obrero, del funcionario, del banquero o del empresario, tal como algunos proponen, aunque sea indirectamente, como el psicólogo norteamericano Richard J.Herrstein (1930 - 1994) para quien la sociedad se organiza en clases porque existen diferencias de IQ entre los hombres. De ahí que nuestra sociedad sea una *meritocracia natural*. Pero incluso dando por buena tal propuesta, habría que demostrar la existencia *real* de *igualdad de oportunidades* para que las supuestos cualidades *innatas* pudieran manifestarse libre y plenamente. Tras sus ideas es fácil percibir cierto *tufillo* a *teología* biológica. Pero sigamos.

Transformarse transformando.

Los grupos sociales se forman por *apetitus societatis*, como decía Adam Ferguson,[122] con el desarrollo *productivo*, se cohesionan y amalgaman *culturalmente*, y tienen por tanto un carácter *histórico*. No son la invención de un maligno pensador, como ocurre con las *sectas*. Los sistemas sociales surgieron a lo largo de miles de años impulsados por la necesidad humana de organizarse y colaborar, primero para sobrevivir a los depredadores, reproducirse y lograr el alimento; luego para intercambiar excedentes, herramientas, comerciar y forjar alianzas con otros grupos, después para atesorar riqueza y ampliar posesiones territoriales, y finalmente para acumular capital como fin ultimo de la producción. Cazadores-recolectores, agricultores, comerciantes, artesanos, empresarios, trabajadores en distintos campos y distintos sistemas productivos, financieros... todo es fruto de la evolución de las sociedades humanas que en su desarrollo fueron estableciendo relaciones sociales cada vez más complejas. El incremento de las fuerzas productivas, gracias a los nuevos descubrimientos y el desarrollo tecnológico, impulsa la trasformación de las relaciones de producción, de la estructura de la sociedad en estamentos, clases, y agrupaciones: esclavos y dueños, siervos y amos, obreros y empresarios. Así, los humanos nos trasformamos individualmente transformado nuestras sociedades. En este sentido puede hablarse de *autoevolución*, o evolución *inducida,* con una doble vertiente: la individual y la social.

Desde la perspectiva individual, la evolución, sin dejar de tener un carácter *biológico*, adquiere una dimensión *cultural*, fruto de la acción del medio social donde se encuadra el individuo. Si aceptamos en un experimento mental[123] que existan genes *condicionantes* de la conducta, como defienden los *genetistas conductuales,* y pasamos por alto lo que ya hemos visto, que genes y *ambiente* son inseparables y están profundamente influenciados por los procesos de desarrollo, la *cultura*, el medio social e, incluso, la tecnología, es perfectamente plausible pensar que en una sociedad socialista, basada en el principio: *cada uno, según sus capacidades; a cada uno, según su necesidad,* los *alelos* que promueven las actitudes más adecuadas para funcionamiento social, como los relacionados con la *cooperación, empatía, generosidad, sacrifico, desinterés*, etc., serán favorecidos frente a los vinculados a la *violencia*, el *egoísmo*, la com-

petencia, la *avaricia,* el afán de *lucro,* etc. que han sido los motores principales de la conducta individual en la historia de la humanidad.

El profesor de biología y matemáticas austriaco, director del programa para la dinámica evolutiva en la Universidad de Harvard, Martin Nowak, ha logrado identificar al menos cinco mecanismos básicos de cooperación.[124] Como señala Nowak hasta ahora, se pensaba que la evolución se regía por dos principios básicos: la mutación y la selección. La primera era la encargada de generar la diversidad genética precisa, mientras que la segunda escogía a los individuos mejor adaptados a un determinado entorno. Pero hoy es necesario tener en cuenta un tercer principio: la cooperación que actúa tanto en el plano de los genes como en el de los organismos, y la sociedad humana. Este principio de cooperación, sin el cual desapareceríamos como *especie,* choca con el principio de *competencia* y las exigencias del *beneficio* privado en el capitalismo, reduciendo su influencia al mínimo necesario. El socialismo, por el contrario, se basa en la cooperación, cuyo principio evolutivo se convierte en *motor* de la trasformación social.

El éxito personal de los individuos mejor dotados para desenvolverse en la sociedad socialista terminará convirtiendo en dominantes sus características *innatas* más favorables, configurando una nueva *cultura* donde primen los valores de *libertad, igualdad* y *mérito.* Será un proceso lento, nunca terminado, lleno de oscilaciones, avances y retrocesos, sin que exista una *garantía* genética de permanencia, y cuya forma de producirse es terreno para la ciencia-ficción, que ya lo ha abordado, generalmente con una visión pesimista o catastrofista.[125] Por eso, el llamado *hombre nuevo,* que se supone alumbrará el socialismo, no puede ser fruto de decisiones administrativas, ni de consignas políticas, por muy bien intencionadas que sean, sino de una profunda trasformación *cultural* que se desarrolla y consolida en el mismo proceso de construcción de la sociedad socialista. La dramática realidad es que la idea de un *hombre nuevo* (cristiano, fascista, nazi, comunista) por decreto ha producido monstruosidades que paradójicamente retrotrae a sus impulsores y ejecutores a la barbarie, como ocurrió con la inquisición, las dictaduras fascistas, el genocidio nazi, las depuraciones estalinistas, las matanzas en Camboya con los Jemer Rojos, la represión en Corea del Norte, o China con ciertos aspectos siniestros de la Revolución Cultural. Por no hablar de la represión de homosexuales en Cuba, hoy felizmente rechazada por el gobierno.

Llegados a este punto es necesario plantearse algunas preguntas, de cuya respuesta dependerá la actitud que adoptaremos ante la sociedad y sus conflictos. ¿Evolucionan las sociedades humanas porque están compuestas por individuos *genéticamente* distintos que desarrollan su inteligencia de forma diferente, aún admitiendo la importancia del entorno, de manera que los mejor dotados terminan siendo dominantes?. ¿O evolucionan porque existen grupos y clases sociales diferentes, conformados en función de las relaciones de producción, con intereses distintos y contradictorios que entran en conflicto, sin que la *variabilidad genética* de los individuos tenga relevancia?. ¿Puede extraerse un *significado, propósito* o *razón* del proceso de cambio y trasformación de las sociedades humanas?. ¿Ocurre con los sistema sociales como en la evolución *biológica,* que es ciega, azarosa, carente de propósito, más allá de promover a los mejor dotados en un contexto medioambiental concreto? ? Estas son las preguntas que separan la *ciencia* de la *ideología* y que he tratado de dar respuesta hasta ahora desmontando las tesis de Pinker y sus apoyos *científicos.*

Toca ahora profundizar en lo que entiendo por socialismo y sociedad socialista

Evidente, como dijo el poeta, todo será según el color del cristal con que se mira la realidad. Pero, interpretaciones y valoraciones aparte, que son inherentes a toda ciencia, lo fundamental es establecer las leyes que rigen la evolución, cambio y trasformación de los sistemas sociales humanos. Es la cuestión fundamental, pues si no existen leyes para las sociedades, ninguna propuesta de cambio y trasformación pasa de ser un ejercicio de *voluntarismo* más o menos bien intencionado. De ahí el rechazo ideológico del marxismo, como en su día ocurrió con el darwinismo. Y la represión de los intentos de poner en práctica sus postulados.

¿Por qué combaten los *ideólogos* del capitalismo, tanto en su versión conservadora como liberal, de manera tan apasionada una teoría materialista de la evolución *social*, ahora que han aceptado sin reservas la evolución *biológica*?. ¿Qué les lleva a pensar que las leyes evolutivas de la naturaleza se han detenido ante el *milagro* del ser humano y sus realizaciones socio-culturales? Tal vez porque perciben que lo que está en juego es mucho más que una *teoría científica*. Saben que si la teoría científica de evolución, cambio y trasformación de los sistema sociales la reconocen y admiten las clases subalternas, todo el sistema de justificaciones económicas, políticas, jurídicas, *culturales* en suma, deja de jugar su papel fundamental en el mantenimiento y defensa del sistema social; su garantía ideológica se desmorona, y el socialismo puede presentarse ante la mayoría de la población no solo como una posibilidad real. Tan real como los interesados en el socialismo quieren que sea.

Como dice Jerry A. Coyne,[126] los humanos somos tan sólo uno de los muchos productos de la selección natural, quizá no seamos tan especiales, pero tenemos la

164

capacidad de *entender* por qué ocurren las cosas y *cambiarlas*, desde los fenómenos naturales hasta la configuración de nuestras sociedades. Es fácil comprender que esto no les guste a los que piensan que nuestro origen es distinto al del resto de las especies, que somos el objeto especial de una intención divina. O a los que, admitiendo la evolución de las especies, consideran que en el *Homo sapiens sapiens* culmina, en lo esencial, el trabajo *moldeador* de la naturaleza. La sociedad humana escapa a la acción de leyes que no sean *biológicas*. No existe sociedad sino individuos. Fin de la historia evolutiva.

Como hemos visto, *ideólogos* del capitalismo liberal y democrático más serios y menos doctrinarios, como Pinker y compañía, utilizan con mayor *sutileza* intelectual las leyes de la biología evolucionista darwinista, y los datos *empíricos* que la abalan, para justificar *científicamente* el capitalismo y las políticas liberales basadas en la teoría del *laissez-faire*. Así en ¡2006!, el británico Richard Lynn (Bristol, 1930), profesor emérito de Psicología en la Universidad de Ulster, llegó a sugerir que la mitad del *déficit cognitivo* de los negros se debe a factores ambientales -específicamente, económicos: alimentación deficiente- y la otra mitad a factores genéticos.[127] Un avance, sin duda, sobre los que pensaban que era una *raza inferior*. Es triste comprobar como para ciertos pensadores y científicos, nuestra conducta, con sus vergüenzas y heroicidades, puede llegar a convertirse en una cuestión de porcentajes.

Para las formas *suaves* de *darwinismo social*, es necesario preservar por encima de todo la *libre competencia*, el *lessé-faire* sobre el que se basa el sistema capitalista, que es la forma más perfecta de organización humana, la que nos ha llevado a cotas de bienestar, progreso y desarrollo científico y tecnológico nunca alcanzados. A partir de tales premisas, en una especie de *nihilismo intervencionista,* combaten cualquier forma de intromisión del Estado en el *libre* funcionamiento de la sociedad, como la educación obligatoria gratuita o la asistencia sanitaria universal, que alteran el curso *natural* de los acontecimientos sociales y, al ayudar a los menos *aptos,* contribuyen a perpetuar los problemas en la *moral.* Cierto, quienes sostienen esa especie de *nihilismo intervencionista* no siempre están de acuerdo con algunos de los aspectos de la sociedad, solo que buscan su mejora mediante la *moralidad* de los individuos, y la formulación de leyes correctoras, pero siempre que no alteren el libre funcionamiento del sistema social. Puede decirse que su idea de la no *intervención* del Estado es una *forma* de *intervención*: para que cese la *intervención*. El *solipsismo* liberal les lleva a pensar que no puede haber otro sistema económico desarrollado que el capitalismo. Son los *creacionistas* de la historia. Admiten que los sistemas económicos se han desarrollado hasta alumbrar el capitalismo, pero con su llegada solo cabe progresar dentro de sus presupuestos. El socialismo es una *quimera* evolucionista.

Si la evolución darwinista, firmemente asentada en pruebas empíricas como el registro fósil y la genética, está llena de interrogantes y rebosante de controversias, a falta todavía de respuestas científicas a numerosos problemas, cómo no sorprenderse de que la *teoría* marxista de la evolución, cambio y trasformación de los sistema sociales humanos en general, y del paso del capitalismo al socialismo en particular, tenga tantas lagunas y provoque tantas incertidumbres. Aquí no hay posibilidad de realizar experimentos de *laboratorio,*[128] ni experiencias históricas indiscutibles, ya que la historia es siempre una *interpretación* o mero *catálogo* de hechos y fechas, salvo la fallida y trágica experiencia del *campo socialista*, que es más un *negativo*: muestra lo que no funciona. Sabemos lo que no se debe hacer, lo que no es poco, aunque el precio haya sido muy alto, pero carecemos de indicadores claros de lo que debemos hacer, precisamente porque solo lo podemos saber haciéndolo. El reconocimiento de los errores es una de las principales formas de revisar y mejorar nuestra comprensión de los procesos sociales.

Antes de seguir me gustaría utilizar el término biológico de *especie clave,* acuñado en 1969 por el zoólogo norteamericano Robert T. Paine, para explicar el papel estratégico que juegan las clases trabajadoras en el sistema capitalista. En un experimento famoso, Paine se dio cuenta de que eliminando de la orilla del mar a las estrellas de mar (*Pisaster ochraceus*) se trastocaba el equilibrio ecológico, generando una cadena de desastres que reducían notablemente la biodiversidad. Sin la competencia de las estrellas de mar, los mejillones se multiplicaban vertiginosamente, superando a las esponjas, que terminaban desapareciendo. A continuación, las anémonas morían de inanición. Comprobó así que las estrellas de mar eran la piedra angular sobre la que se sostenía la cohesión de la comunidad intermareal. Las consecuencias de alterar el ecosistema podemos observarlas en la actualidad: mil ciento cuarenta y una especies de mamíferos (una de cada cuatro), de las cinco mil cuatrocientas ochenta y siete del planeta), se hallan en peligro de extinción. Está demostrado que una reducida minoría de personas puede provocar la desaparición de una especie entera. Y el hecho de que el 15% de la población mundial que habita en las regiones de Norteamérica, Europa occidental, Japón y Australia consuma 32 veces más recursos y genere una polución 32 veces mayor que la del mundo en vías de desarrollo, donde vive el 85% restante, puede convertirse en una bomba de relojería bajo el sistema capitalista. El socialismo es, en este sentido, la única garantía de un uso racional y sostenible de los recursos naturales, y de eliminación de los efectos duraderos de la contaminación.

Retomemos el concepto biológico de *especie clave,* y apliquémoslo a la sociedad capitalista. En ella la *especie clave* (clase) es el *trabajador* que, al contrario de lo que piensan los empresarios, es el único *imprescindible* para sostener el sistema económico. Sin él se desmoronaría el sistema productivo. La importancia del empresario, aparte de su valía personal, audacia, imaginación, etc., estriba en que posee el *capital* necesario para montar (o invertir) una empresa, contratar a los trabajadores, e iniciar el proceso de creación de riqueza. Su importancia y necesidad deriva de un *privilegio*, la propiedad del capital, y este *privilegio* está blindado jurídicamente como la pieza clave del sistema. Pero basta una exitosa huelga general para evidenciar que el carácter de *especie clave* corresponde a los trabajadores, aunque solo puede manifestarse como tal cuando se *enfrenta* con el privilegio capitalista. Por eso el socialismo es posible, ya que se basa precisamente en esa *especie clave*, a la que hace dueña de su trabajo, convirtiendo el *capital* de privado en publico. Eso no significa que el proceso pueda desarrollarse de la noche a la mañana, ya que la iniciativa privada vinculada al capital seguirá jugando un papel importante, aunque solo sea porque la capacidad de emprender, vinculada a la educación, tiene todavía un componente elitista. Por eso la socialización del capital, y el gobierno de los trabajadores sobre las empresas, esta vinculado al desarrollo de la educación universal y gratuita y el progreso social vinculado exclusivamente al esfuerzo y el merito. En el socialismo, y mientras jueguen un papel en el desarrollo económico, los empresarios privados tendrán su campo de acción, pero siempre contando con la participación en la empresa de sus trabajadores, en una verdadera asociación de mutuo beneficio, o *suma positiva*. Esta persistencia de lo privado se manifiesta dentro de cada *ciclo* en el desarrollo de la sociedad socialista, cuyas características dependerán de los *ciclos* internos de cada país y de los *ciclos* internacionales. No existen formulas aprioristicas para la construcción del socialismo, sino *ciclos* que van cambiando la naturaleza del sistema.

El difícil camino de lo viejo a lo nuevo.

Como saben los *biólogos evolucionistas,* el cambio evolutivo, incluso el más radical, la formación de una nueva *especie,* implica, en mayor o menor medida, una *remodelación* de lo viejo en la *formación* de lo nuevo. Por eso es un disparate de dramáticas consecuencias querer *partir de cero* a la hora de construir la sociedad socialista. El socialismo se levanta sobre la riqueza, necesita un nivel de desarrollo económico que permita su crecimiento planificado y racional sobre la base de los avances tecnológicos, libres de las ataduras del beneficio capitalista privado. Su desarrollo parte de la creación de nuevas *relaciones de producción* que permitan el despliegue de toda la potencialidad de la *fuerzas productivas.* Suponer que tal empeño puede realizarse sin *aprovechar* lo creado hasta entonces, y *mantener,* en un proceso de paulatina reformulación, las formas *útiles* de producción capitalista, es una quimera en el sentido etimológico de la palabra. Lo dramático es que donde no se ha tenido en cuenta han fracasado y desaparecido, y donde si lo ha hecho, aunque sea tarde, ha significado reproducir los efectos perniciosos del capitalismo, como ocurre en la República Popular China.

Al igual que sucede en biología, una sociedad basada en un sistema económico nuevo no surge de la *nada,* no se *crea a partir de cero* solo con voluntad y decretos. En el socialismo permanecerán ciertos caracteres *vestigiales* del capitalismo, pero cumpliendo funciones distintas de las originales. Por ejemplo, perdurará la iniciativa privada, factor importantísimo en el desarrollo económico en las primeras fases del socialismo, pero que de ser fundamentalmente un mecanismo de lucro y acaparamiento de riqueza (produciendo, gestionando, comerciando, financiando, ideando, etc.), pasará a tener primordialmente una función *social*, al subordinarse al bien colectivo expresado en la promoción de la *igualdad* en *libertad*, disminuyendo primero, y anulando finalmente, las desigualdades sociales inherentes al sistema de libre empresa. Una sociedad inspirada en la formula: *cada uno, según su capacidad; a cada uno, según su necesidad,* que exigirá la dirección *planificada*, pero no necesariamente *centralizada*, de la economía, y una ampliación sin precedentes de la democracia. Una sociedad en la que el *acento* pase de ponerse en la *propiedad* de las cosas al *uso* de las cosas.

Pero el paso de *tener* a *usar* dentro del capitalismo no significa *per se* un avance hacia un nuevo modelo de sistema económico, el socialista, aunque lo incluya. Es a un cambio de modelo *cultural,* o una forma de vivir el capitalismo, que, paradójicamente, invade las parcelas hasta ahora *privadas*. Fenómenos de Internet y la red como el intercambio y venta de cosas (Wallapop, Chicfy, Depop), el alquiler del propio coche (Blabacar, Socialcar, GetAround), etc., no deja de ser una forma más de *mercantilización* de los propios *deseos*. Se introduce la propiedad *personal* en el circuito del *mercado*, convirtiendo en *empresario* de su patrimonio, incluso el más *intimo* a las personas. Este fenómeno, en el capitalismo global, sirve también como mecanismo de autodefensa. En lugar de poner el acento en la *obediencia* (represión) hace hincapié en la *dependencia* (consumo), fomentando un asía de posesión que ofrece continuamente nuevos estímulos mediante el avance tecnológico, que deja obsoletos en poco tiempo nuestros *aparatos,* y las modas. El modelo de vida occidental se expande por su atractivo como paraíso de consumo, por todos los continentes, machacando culturas tradicionales (Japón es el paradigma, con el suicidio del escritor japonés Yukio Mishima como punto extremo y contradictorio). Este mecanismo de *dominación* se debilita cuando lo que *promete* no permite que se *satisfaga* por una parte importante y mayoritaria de la sociedad. Y el mecanismo de exclusión *Bannoptikum* sigue funcionando: los que no tienen dinero o propiedades quedan excluidos.[129] La alternativa es tanto una nueva forma de producir que garantice la riqueza como una forma distinta de consumir. En ese sentido, pasar de la propiedad al uso, solo tiene un sentido emancipador en el socialismo, mientras que el capitalismo como puede ser tu casa. y dominación, ya que solo se puede usar si se tiene dinero

Hasta ahora la supervivencia y desarrollo de las sociedades humanas se basa en la *especiación,* entendida como el rasgo dominante y definitorio de cada sistema productivo: sociedades de cazadores-recolectores, sociedades agrarias y ganaderas, sociedades comerciales, industriales, financieras, y sociedades de la información en desarrollo actualmente. El paso de un sistema a otro se ha desarrollado en procesos históricos muy dispares, desde los cambios continuos y paulatinos, salpicados de episodios violentos, hasta las rupturas bruscas revolucionarias, dependiendo de las condiciones históricas concretas, y los conflictos *culturales.* Pensar que todo se consigue solo *asaltando los cielos* es una ingenuidad que, paradójicamente, suele terminar en simple y renovado *reformismo.*

En cuanto a lo que aquí interesa, conviene señalar que la *evolución* también actúa en el sistema capitalista sin que suponga necesariamente un cambio de *especie*. Algo que se suele olvidar, o pasar por alto, con la consiguiente perplejidad ante su persistencia pese a las crisis periódicas que lo sacuden y los sucesivos intentos revolucionarios para su transformación en un nuevo sistema. Y lo hace no solo como mecanismo de *perfeccionamiento* y *desarrollo*, sino de *autodefensa*, ya que se trata de un sistema económico que beneficia fundamentalmente a una de sus partes componentes, minoritaria y por lo tanto vulnerable, en prejuicio de la otra, mayoritaria, cuyo poder político, gracias a la conquista del Estado de Derecho, puede ponerle en peligro. La *evolución* del capitalismo tiene, por tanto, mecanismos internos que impulsan la mejora del sistema económico para la *optimización* del beneficio, y mecanismos *culturales* de *Subyugación Ideológica* que garanticen su aceptación como el *menos malo* de los sistemas posibles, único capaz de crear riqueza y bienestar. Sin olvidar, pro supuesto, los mecanismos de *represión,* propios del Estado,[130] hoy día más fáciles de neutralizar que los *ideológicos*, que cuentan con la inestimable ayuda de ciertos *científicos sociales*.

El capitalismo, pese a la ingente riqueza que puede llegar a crear, es enormemente costoso y despilfarrador, tanto desde el punto de vista de la calidad de vida de la mayoría de la población (la *desigualdad* es *innata* al sistema, aunque sea más *visible* y se acreciente durante las crisis), como desde el punto de vista energético, medioambiental, y estrictamente económico, donde los ajustes se hacen destruyendo riqueza, para volver a crearla, y no siempre más y mejor. Es así porque la *eficacia* del mercado capitalista se basa en su *irracionalidad,* sin la que no existiría *libertad* para competir. Es la gran paradoja capitalista. Por eso sus primeros teóricos como Adam Smith postulaban la necesidad de una dimensión *ética*, trasunto *moral*, del *Levitan* de Hobbes. La revolución conservadora neoliberal de Ronald Reagan y Margaret Teacher, seguida con entusiasmo por Tony Blair, despojó al capitalismo de tan enojosa traba. La única *ética* pasó a ser la de *enriquecerse*, bajo la coartada *ideológica* de que era la única forma de que progresara el conjunto de la sociedad. El estudio sobre la desigualdad del economista francés Thomas Piketty ha evidenciado su falacia.[131] La *economía estándar* es a la economía política lo que la alquimia a la química.

La acción del mercado capitalista es *azarosa*, *aleatoria*, no *selecciona* con ningún criterio *racional,* se basa en la *competencia* que no garantiza el triunfo del *mejor*, es *indiferente*, no contempla la *moralidad* de sus resultados. De hecho, debe ser *neutral*, estar *libre* de consideraciones *morales,* para ser *eficiente*. Y, por ende, libre de *restricciones* más allá de las leyes que garanticen y protegen su funcionamiento. Esa es la *irracionalidad* básica del capitalismo, su ADN, que tiene aspectos *vestigiales* de sistemas de producción anteriores. Sus efectos más negativos, particularmente cuando ponen en peligro la estabilidad del sistema social, tratan de mitigarse mediante políticas sociales, generalmente a cargo de la socialdemocracia, aunque no exclusivamente, pero no *suprimirse*.

La ausencia de *racionalidad* del mercado libre, al que acuden los productores y comerciantes con sus mercancías, por muy racional que sea su intención, impide una estimación objetiva, ni siquiera aproximada de los resultados. Por eso, cuanta mayor dosis de *racionalidad* que introduzcamos en el mercado menor nivel de *libertad* para actuar. El pánico a la *regulación* de los economistas clásicos, con el filósofo y economista Friedrich

Hayek (1899 - 1992) a la cabeza, expresa la convicción de que la riqueza se produce por un siniestro juego de suma cero, que es un necesario fenómeno de *darwinismo social*. Al menos Keynes era consciente de que la propia naturaleza del sistema exigía la intervención publica, es decir dosis de *racionalidad*, para que la economía funcionara en momentos de crisis, máxima expresión de esa misma *irracionalidad*. Sin embargo, llevado el análisis hasta sus últimas consecuencias, la plena *racionalidad* del mercado (que no evita cierto nivel de *incertidumbre)* solo es posible con la *planificación* científica, hoy posible por los logros de la Revolución Digital. Planificación económica que exige el correlato político, su *control democrático* para evitar distorsiones burocráticas.

Por eso, al contrario de lo que pregonan sus apologetas *neoliberales*, el mercado no selecciona a los *mejores,* ni contribuye a un uso *óptimo* de los recursos y su distribución. Es bastante frecuente que beneficie a los especuladores, oportunistas, y estafadores, para desesperación de los empresarios honestos que creen en el mercado como el *demiurgo* que a todos brinda la oportunidad de triunfar. La *necesidad* del mercado, imprescindible en un sistema económico basado en la propiedad privada de los medios de producción, solo demuestra el nivel *evolutivo* de la sociedad humana, en muchos aspectos más cerca de la *barbarie* que de la *civilización*. Al final, será la necesidad de generar riqueza de una forma racional en lo económico y justa en lo social la que determinara el progreso de la especie humana, y no la *supervivencia* del capitalismo. Es de suponer que las clases trabajadoras (obreros, empleados, funcionarios, profesiones liberales, incluso trabajadores por cuenta propia) que disponen de escaso peso socioeconómico pero podrían alcanzar un gran poder político prefieran un sistema que contemple la asignación planificada de los recursos y su distribución en función de sus necesidades y no del beneficio de unos pocos.

La interdependencia global ha alcanzado tal nivel que los *inversores*, ahora llamados *mercados* en una curiosa *materialización* de lo que son *fondos de inversión* de los grandes grupos financieros, hace prácticamente que los países más endeudados y con menos capacidad de generar riqueza, como Grecia, Portugal, España o incluso Italia, no puedan liberarse de su *presión, imposición* en realidad, a la hora de diseñar sus políticas económicas, por lo que las tensiones entre economía y sociedad, entre capitalismo y democracia, no es fácil que puedan resolverse dentro de los marcos políticos nacionales. Un nuevo *internacionalismo* resulta imprescindible para todo intento de trasformación social socialista.

Así, contemplamos atónitos como se instala en el mundo desarrollado la idea de que sin los *mercados* es imposible hacer nada, en una manifestación de moderna *superstición* económica que exige confianza *ciega* en los inversores financieros como único comportamiento racional y responsable. Ello ha originado de *facto* una transferencia de *soberanía* a los mercados internacionales por encima de la ya realizada a las organizaciones comunitarias. Como dice el economista y sociólogo alemán Wolfgang Streeck (Lengerich, 1946)), Director Emérito del Instituto Max Planck para el Estudio de las Sociedades en Colonia, *el nuevo paradigma traduce esencialmente conflictos de clase en conflictos internacionales, enfrentando entre sí a diversas naciones, todas ellas sometidas a las mismas presiones del mercado.*[132]

Hoy el *mot d'ordre* es la *confianza* de los *mercados*, nuevo dios al que hay que sacrificar los derechos sociales incompatibles con las expectativas de beneficio. Como señalaba el economista polaco, ¡hace casi 70 años!, Michal Kalecki (1899 - 1970),[133] la *confianza* de los inversores es uno de los factores fundamentales para el desarrollo económico. Esa sacrosanta *confianza* se basa en las expectativas de *beneficio*, que deben asegurarse por el poder político y sus iniciativas en política económica. Ciertamente, los *mercados* no dictan directamente lo que cada gobierno tiene que hacer (para eso existen organismos como la *troika)*, pero solo *invierten* si los gobiernos hacen lo que esperan que hagan. Nada más lógico que esa *confianza* se pierda cuando los capitalistas ven amenazadas sus expectativas de beneficio por la interferencia política de partidos *radicales*. Si eso ocurre por la *irresponsabilidad* de la ciudadanía votando a esos partidos, deberán atenerse a las consecuencias.

Lo que subyace en la teoría económica estándar o clásica es lo que podría definirse como *Complejo de Epulón*: cuanta más comida haya en la mesa del rico (cuanto más ganen las empresas) más migajas le caerán a Lázaro (mejores salarios y prestaciones sociales). Sin lo uno no hay lo otro. Es la forma *natural* de distribuir la riqueza en el capitalismo. Cuando los *lázaros* protestan y amenazan con darle una patada a la *mesa* (sistema productivo) los *epulones* transigen en asegurar un mínimo de migajas (Estado del Bienestar) pero con la condición de que sea *sostenible* y que no ponga en cuestión el sistema de *mesa rica/lázaro pobre*. Resulta increíble que en el siglo XXI, con todos los datos empíricos acumulados, y las variadas y variopintas regulaciones creadas para salvar al capitalismo de si mismo, la opción socialista sea para la mayoría de las opciones de *izquierdas* y *progresistas* o una *utopía* o una *nostalgia*. Ni lo uno ni lo otro. El socialismo, basado en la Democracia Ampliada y la Revolución Digital, es una acuciante *necesidad* y una *posibilidad*, que solo se hará realidad cuando las clases trabajadoras, que constituyen la inmensa mayoría de la sociedad, comprendan su superioridad *económica*, *política* y *social*. Lo contrario, persistir en el capitalismo como sistema es mantener a Epulón y Lázaro, con riesgo de suicidio evolutivo de la humanidad, previa destrucción irreversible de su hábitat, la Tierra.

Es el gigantesco desarrollo de las *fuerzas productivas* en las nuevas condiciones de la Revolución Digital,[134] que chocan con las actuales *relaciones de producción*, lo que permite plantearse el socialismo sobre bases *científicas,* como quería Marx. Propuesta que debe enfrentarse a la lucha por la *supervivencia* del capitalismo. Cuya traducción política y posibilidades de éxito se basan en la incapacidad del capitalismo para satisfacer las exigencias mayoritarias de la sociedad de un bienestar personal y progreso social acorde con el desarrollo científico-técnico y los estándares de vida alcanzados por las clases privilegiadas y las élites directivas. La obscena exhibición de riqueza y progreso que hoy se ofrece al mundo por los medios masivos de comunicación, fundamentalmente televisión e internet, son el mejor antídoto contra la resignación. No hay alternativa. O crisis, destrucción de riqueza para salir de ella, estancamiento, pobreza y desigualdad; o socialismo: economía basada en la ciencia, la Revolución Digital y la planificación, bienestar basado en las necesidades de alimentación, educación, salud, vivienda, derechos sociales y ocio, gobierno basado en la Democracia Ampliada. Porque el fracaso del capitalismo es el fracaso de las expectativas generadas por el propio capitalismo.

Reformar o transformar, esa es la cuestión.

Ante la crisis del capitalismo financiero, y su carácter *global*, que ha producido una *desconfianza* generalizada: los mercados con los gobiernos, los estados acreedores con los deudores, los ciudadanos con las instituciones, las clases con sus representantes políticos, se plantea hasta dónde están dispuestos a llegar los gobiernos para *imponer* a sus ciudadanos los *derechos de propiedad capitalista* y la satisfacción de las expectativas de beneficio de los *mercados*, sin que ello suponga poner en peligro el sistema y su legitimidad democrática. La experiencia Griega es suficientemente esclarecedora: tras las promesas de acabar con las política de *austeridad,* y un surrealista referéndum de *ida y vuelta,* Syriza bajo la dirección de un errático Tsipras, ha vuelto al *redil.* En una operación de *acoso* y *derribo* financiero, con *corralito* incluido, los partidos que se oponían a la *austeridad* han sido *aplastados sin* miramientos. Tras la nuevas elecciones todo volverá al cauce del que nunca debería haber salido. Al próximo gobierno incumbirá recuperar la *confianza* de sus *socios acreedores* y de los *mercados,* aplicando un drástico rescate, cuyos supuestos ideológicos rayan en la *superstición* económica.

Una vez más, de los errores se sale aprendiendo. La cuestión vuelve a plantearse, esta vez con mayor claridad por la experiencia Griega, entre *reformar* o *transformar* el sistema capitalista, aceptado de antemano las enormes dificultades que tal empeño acarrea. Porque no es el hecho de *reconocer* las crisis del capitalismo y sus consecuencias lo que diferencia a *reformistas* de *revolucionarios,* sino la *forma* de enfrentarse a ellas, y el proyecto de sociedad que se propone a las clases trabajadoras. Es decir, no se trata de economía, sino de *sistema económico.* Por lo tanto de *política* y su correlato de *política económica.*

Otro aspecto esencial que evidencia la necesidad de la trasformación socialista del capitalismo y no su mera reforma, es el de la *selección* de los más *eficaces* para el adecuado funcionamiento del sistema. Aún admitiendo que en las sociedades capitalistas más desarrolladas y eficaces, la *selección* de los *mejores*, la llamada *meritocracia*, santo y seña de la socialdemocracia junto al Estado del Bienestar, se realiza con relativa eficacia, siempre estará condicionada por la, en el mejor de los casos, limitada *igualdad de oportunidades*, que significa un desaprovechamiento y derroche (basta pensar en los jóvenes preparados, con elevado coste publico, que necesitan migrar al extranjero). Solo en la futura sociedad socialista, superadas las limitaciones *estructurales* derivadas de las *relaciones de producción* capitalista, y la desigualdad *innata* del sistema económico basado en la *propiedad privada* de los medios de producción y distribución, el mecanismo de selección de los más *aptos* para cada función (productiva, distributiva y administrativa) podrá desarrollarse plenamente bajo el principio de *cada uno según su capacidad*. Eso permitirá un crecimiento socioeconómico y *cultural* sin precedentes en la historia de la humanidad.

Desde este punto de vista, y abundando en lo dicho, quisiera remarcar que una de las causas principales del fracaso en la *construcción del socialismo* en el siglo pasado, y una traba en el desarrollo actual del *hibrido* económico de China, fue que no hubo verdadera *transformación* en las *relaciones de producción*, sino un *cambio* en los mecanismos de *selección* de los puestos directivos en la economía planificada, con la instauración de *privilegios* (burocracia) derivados de la pertenencia al Partido Comunista. El incipiente capitalismo ruso derivó hacia un gigantesco, y finalmente ineficaz, Capitalismo de Estado, que de ser una fase previa, como pensaba Lenin, se convirtió en un fin, lo que hizo de la *meritocracia* una cuestión de fidelidad al partido y sus gobernantes. ¡Qué diferencia con la idea de Antonio Gramsci (Ales, Cagliari 1891-Roma 1937) sobre los Consejos y Comisiones de Fabrica, como los surgidos en Turín!, que eran *órganos de democracia obrera que hay que liberar de las limitaciones impuestas por los empresarios y a los que hay que infundir vida nueva y energía. Hoy las comisiones internas limitan el poder del capitalista en la fábrica y cumplen funciones de arbitraje y disciplina. Desarrolladas y enriquecidas, tendrán que ser mañana los órganos del poder proletario que sustituirá al capitalista en todas sus funciones útiles de dirección y de administración.*[135] Para Gramsci los obreros deberían proceder a elegir amplias asambleas de delegados, seleccionados entre los compañeros mejores y más conscientes, en torno a la consigna: *Todo el poder de la fábrica a los comités de fábrica.* Los Consejos de fábrica, eran para él las primeras organizaciones basadas en la *democracia obrera*, encarnación del *poder proletario*, instrumento para el ejercicio del control de la producción industrial y agrícola.

La facilidad con que se derrumbó lo que se suponía era un nuevo sistema social avanzado es la mas clara refutación de los presupuestos sobre los que se moldeó. Y eso no es solo cosa del pasado: lo vemos hoy en China, Corea del Norte, Cuba y Vietnam, cada uno con sus diferencias. Sustituir *patronos* por *burócratas*, al margen del control de los trabajadores, es no solo *éticamente* reprobable sino económicamente *ineficaz*, cuando la eficiencia económica, base de la igualdad social, es el argumento fundamental del socialismo junto con la ampliación de la democracia.

Naturalmente, esto no quiere decir que nada de lo creado por el capitalismo tenga *utilidad* y deba desaparecer. El socialismo será un sistema *poliginio,* con varias formas productivas conviviendo bajo la supremacía y dirección de lo publico, dentro de un ecosistema de control racional y científico de la economía. Estos sistemas *subalternos* tendrán más o menos importancia dependiendo del grado de desarrollo económico alcanzado, hasta que el propio proceso de construcción del socialismo los vaya convirtiendo en *vestigiales*. La complejidad que todo ello comporta parece evidenciar que el socialismo se desarrollará previsiblemente por *radiaciones* evolutivas (distintos tipos y niveles de desarrollo socialista). No existirá un solo modelo de construcción del socialismo ni de sociedad socialista, sino varios en mutua colaboración y ayuda. De la amplitud y características de estas *radiaciones* dependerá las formas concretas de avance al socialismo en cada país o conjunto de países.

La idea del *socialismo en un solo país,* con una débil estructura industrial y fundamentalmente agrario, respuesta al aislamiento y cerco de la URSS, ha demostrado su trágico error, lo mismo que el presupuesto teórico de la *revolución universal* que supone en la práctica su negación. Actualmente, con el grado de desarrollo capitalista, la *revolución* socialista *simpátrica* (en un mismo lugar) parece poco probable ya que la globalización de la economía actúa en contra, aunque no puede descartarse a priori. Lo esperable es un proceso de transformación socialista a partir de *radiaciones*. Es la base del nuevo *internacionalismo*, garantía política para el avance al socialismo. El aislamiento de Syriza en su lucha contra la *austeridad* es un claro ejemplo, y eso pese a que no planteaba un programa político-económico orientado a crear las bases de un posterior desarrollo socialista. Las cuestiones tácticas y estratégicas que esto plantea son enormes y la experiencia escasa.

En todo caso, y para finalizar, es necesario insistir que todo proceso de transformación del capitalismo en socialismo, en cuya etapa histórica nos encontramos, es fundamentalmente una batalla *cultural* y por lo tanto *política* en cuanto que la *cultura* expresa y refleja tanto el nivel de conocimientos alcanzados como la forma en que se percibe la realidad social y el papel que cada uno juega en el sistema. Lo mismo que no tenemos un órgano singular dedicado exclusivamente al procesamiento de la *información*, sino una multiplicidad de sistemas aplicados a resolver diferentes problemas *adaptativos*, la *cultura* está compuesta por numerosos *subsistemas culturales* que responden a distintas necesidades adaptativas y volitivas, reflejo de la complejidad de la vida social. Así, por ejemplo, hay partes de la cultura encaminadas a hacer soportable la desgracia (sistemas de compensación religiosa y recompensa, pero también de aceptación filosófica o moral), otros sistemas para enjuiciar las injusticias, etc. Por eso la lucha *ideológica* es la manifestación de la gran batalla *cultural* considerada como un todo (*sistema de subsistemas*) que puede ganar parcelas *culturales*, por ejemplo la que justifica el capitalismo como un sistema beneficioso para todas las partes, sin que eso signifique que otros *subsistemas* se vean afectados, por lo menos inicialmente, como puede ser el sentido religioso último de la existencia. La incomprensión de esta realidad es la que ha llevado a aberraciones como la creación del *hombre nuevo* simplemente por la toma revolucionaria del poder. O a subestimar la persistencia de *subsistemas culturales* a la hora de hacer propuestas de transformación social.

De ahí la ineficacia del principio ético *no hagas a los demás lo que no quieras que te hagan a ti.* ¿Que me lo haga quién, por qué, para qué?.

Pensar el en futuro, actuar en el presente

La percepción de la realidad social condicionada por el *interés* de las clases y grupos dominantes en la sociedad por defender el *status quo*. De ahí que se den contradicciones y pugnas entre la *cultura oficial* y los intereses concretos de las clases subordinadas. Esa es la base *material* para la lucha *ideológica* contra la *cultura dominante,* que en los periodos de grave crisis, como la iniciada en 2008, ve alarmada como se ponen en cuestión aspectos importantes de su concepción de la sociedad por formulaciones *culturales* alternativas con capacidad de dar a las luchas y movilizaciones populares una perspectiva *trasformadora* más allá de la meramente *reivindicativa.* El concepto de *hegemonía* se basa en este proceso. No sustituye a las reivindicaciones y luchas por el cambio que se dan en el interior de la sociedad, sino que permite romper el mecanismo de *Subyugación Ideológica.*

Y lo mismo que es muy difícil, o imposible en algunos, desaprender lo que hemos aprendido durante nuestro desarrollo, también es muy difícil liberarse de los aspectos más significativos de la *cultura* dominante, que, como todo proceso de aprendizaje, ha generado sus *estratos ocultos,* ideas fuerza o *atractores culturales,* como dios, inmortalidad, propiedad privada, familia, justicia, patria, honor, etc.. Las *ideas fuerza* dan consistencia al conjunto cultural pese a las inevitables variaciones que ocurren por cambios y transformaciones sociales, o por la experiencia personal. Esta *malla* de *ideas fuerza* o *atractores* es muy resistente, y es parte esencial del mecanismo de *Subyugación Ideológica* que garantiza la pervivencia del sistema social frente a sus contradicciones internas y sus disfunciones, como las crisis. La capacidad de las *ideas fuerza* es tal que permanecen muchas de ellas incluso cuando cambia el sistema social, y pasan a integrarse en una nueva cultura en formación aunque hayan cambiado los sistemas socioeconómicos que las sustentan. Por eso se puede hablar de cultura occidental, cultura cristiana, cultura humanística, etc. De ahí la gran fuerza ideológica de una *cultura dominante*, en la que nos hemos educado, y que aspectos de su cuestionamiento sean generalmente fruto de actividades intelectuales minoritarias, generalmente apoyados en los avances científicos, el gran disolvente de *estratos ocultos* culturales. Por eso, el cuestionamiento de aspectos fundamentales de la cultura capitalista necesite, para tener éxito, de la *presión social* generada por las luchas de los trabajadores. Por eso, la lucha ideológica en todos los campos que afectan al dominio cultural de la burguesía es la tarea política principal. Y resulta inseparable de la lucha concreta, material, de los trabajadores como *clase esencial*.

Claro que una *cultura* no sustituye a otra solo en el combate *ideológico*. Esa lucha, que suele empezar como una batalla de minorías cultas procedentes y formadas en la cultura dominante, solo triunfa si las clases y grupos sociales subalternos y mayoritarios la utilizan en su lucha. Es la propia lucha la que permite poner socialmente en cuestión la *cultura dominante* y posibilitar la aceptación, aunque sea de forma rudimentaria, de una respuesta *cultural alternativa*. Renunciar al socialismo por la socialdemocracia es renunciar a la batalla *cultural*. Y, aunque se llenen la boca de ello, renunciar a conquistar la *hegemonía*.

Los principios de la *cultura socialista* son fruto del análisis científico de los procesos de evolución, cambio y trasformación de los sistemas sociales humanos, y se *nutren* de la conquista de *derechos* por las clases sociales, que finalmente se incorporan a la *cultura humana,* haciendo cada vez más sangrante la contradicción entre los *principios* y los *hechos*. La realidad capitalista, incluso en los países mas avanzados es una cosa, y los Derechos Humanos consagrados por la ONU otra. La evolución social, en ese sentido, es un proceso que va de lo *declarado* a lo *real*, que busca la unidad de la voluntad de progreso con la organización socioeconómica que lo permita.

La lucha contra la *Subyugación Ideológica,* que incluye el *desenmascaramiento* de las deducciones de ciertos científicos sociales, es hoy en principal campo de batalla, una vez que los mecanismos de *coerción* han visto restringida su capacidad disuasoria y represiva por los avances en los derechos democráticos, la sensibilización social ante la violencia, y la globalización de la información que multiplica su impacto mediático y propicia una respuesta social que supera las fronteras. Todo si abandonar, sino todo lo contrario, la lucha diaria por las mejoras sociales y los avances democráticos. Luchas y conquistas que sin una perspectiva socialista terminan actuando como un factor de *reforma* del capitalismo, sin duda saludable pero insuficiente, para superar los gravísimos problemas que hoy tiene planteada la humanidad. Pero el socialismo solo será posible cuando su propuesta de nueva sociedad haya ganado la pugna *cultural* y se convierta en *hegemónica.* Una tarea gigantesca que exige la contribución de las mentes mas lucidas, los espíritus mas sensibles, los dirigentes mas consecuentes, y la acción consciente y hegemónica se las clases trabajadoras.

En pocas palabras, el capitalismo genera los mecanismos económicos, políticos y sociales de su posible *transformación* en socialismo. Pero esa *transformación* no esta determinada *genéticamente,* no es fruto de una supuesta *naturaleza humana,* trasunto del buen burgués. Es obra de la acción *consciente* de componentes (grupos, clases) de la propia sociedad. En el nivel actual del capitalismo global, y dominación financiera, no solo se dan las condiciones *materiales* para dicha transformación, sino que puede afirmarse sin exagerar que su superación es, cada vez más, una cuestión de *superviven-*

cia, tanto de la sociedad desarrolla como del Estado de Derecho y del Bienestar como de nuestro planeta Tierra.

Desde que el especialista holandés en química atmosférica y Premio Nobel, Jozef Crutzen (Ámsterdam, 1933), creara el término *Antropoceno* para señalar que la humanidad había entrado en un periodo geológico en el que los sistemas socioeconómicos, y fundamentalmente el capitalismo desarrollado, erosionan los sistemas naturales que sustentan la vida, nuestro *hábitat* no ha hecho más que deteriorase a pasos acelerados. Un 50% del incremento de la concentración del anhídrido carbónico atmosférico se ha producido en los últimos 30 años, con lo que el ciclo del carbono se acerca peligrosamente al punto de no retorno. Y con él, los ocho sistemas que sustentan la vida. Pero los países, por muchas reuniones internacionales que celebran, o pese a la intervención del Papa Francisco, no consiguen ponerse de acuerdo. La razón última no estriba, como piensan algunos neurobiólogos, en que la evolución haya configurado nuestro cerebro para desenvolverse en una época en la que el *Homo sapiens* tenía que enfrentarse a peligros sencillos, como los ataques de los depredadores, y en que los mecanismos de alerta se basaban en la detección de gruñidos o crujidos en el boscaje. No, lo que hace tan difícil afrontar el problema del deterioro del hábitat es el propio sistema productivo basado en el beneficio sobre el que se estructura la sociedad capitalista moderna, hoy universalizada. La solución real llegará con el socialismo.

Pero el futuro no está escrito ni tiene necesariamente que tomar una dirección, porque lo *escribimos* nosotros, y no una instancia divina ni los *genes,* la nueva divinidad *determinista*. Y como en un *palimpsesto*, escribimos sobre lo que escribieron los que nos precedieron, corrigiendo siempre, borrando cuando es necesario, en una peculiar y grandiosa manifestación de *evolución social*.

Antes de terminar, recogiendo la *tradición utópica* de los revolucionarios del pasado, permítaseme hacer un poco de *ciencia-ficción* política y pensar la sociedad socialista del futuro. Se trata, como toda buena utopía, de extrapolar lo que ya es una realidad proyectándola hacia un futuro más o menos lejano. Una manifestación de lo que Edward de Bono llamaba *pensamiento proyectivo*, para referirse a una forma de pensar más *generativa* que *reactiva*, donde prima la *especulación* de carácter expansivo y abierto. Es, en este sentido, una *modesta proposición* que busca la suspensión temporal de la *incredulidad*.

El impresionante desarrollo tecnológico impulsado por la Revolución Digital, que afecta a todos los campos de la actividad humana, con la consiguiente necesidad de *especialización*, está llevando a las sociedades desarrolladas a una especie de *gobierno de los expertos*, cuyas primeras y alarmantes manifestaciones han sido la destitución de gobernantes elegidos y su sustitución por funcionarios altamente cualificados, con resultados tan preocupantes como poco alentadores. El caso más evidente fue la destitución de Berlusconi y su sustitución por el tecnócrata economista y ex comisario europeo, Mario Monti. En Grecia, el economista y ex vicepresidente del Banco Central Europeo (BCE), Lukás Papademos, sustituyó al socialista Yorgos Papandréu con la misión de aplicar el programa de rescate de la *troika*. Este fenómeno no hace sino agudizar una tendencia inherente a la *representación* democrática, que ha recaído históricamente en *expertos* políticos. Una *profesión* que recluta sus principales componentes en el campo de la jurisprudencia (abogados, notarios, procuradores), o de las escuelas de Administración Publica como la prestigiosa

L'ENA francesa, donde se forma el futuro *mandarinato* (enarquía) de la sociedad burguesa, en frase de uno de sus alumnos destacados, y varias veces ministro de Francia, Jean-Pierre Chevènement.[136] Es como si la Revolución Digital y la *tecnificación* de la actividad humana nos estuviera retrotrayendo a la Gracia clásica, y a los postulados de *sofocracia* o gobierno de los sabios, enunciados por Platón en *La República*. El *desarrollo en espiral* del que hablaban Engels y Lenin. Se trata de un proceso imparable que plantea un desafío democrático de envergadura histórica: dar una respuesta política a lo que puede terminar convirtiéndose en la *dictadura de los expertos,* que en el sistema capitalista sería la plasmación político-jurídica del dominio socioeconómico absoluto de la gran burguesía y el capitalismo financiero, tal como denuncia el economista, profesor de la Universidad de Nueva York, y asesor durante casi 20 años del Banco Mundial, William Easterly.[137] La tarea política, por tanto, no es tanto oponerse al papel de los *expertos,* sino en *delimitar* sus funciones y someterlos al *control* democrático de los ciudadanos, que ya no puede ser por *delegación,* ya que la brecha entre representantes y representados se haría insalvable.

Es evidente que cada vez más será necesario un conocimiento *experto* para abordar los problemas de una economía globalizada y altamente tecnificada, con una dependencia cada vez mayor del *Big Data,* que puede convertirse en manos privadas en el *Big Brother* moderno (según la Unión Europea, se generan 1.700 nuevos billones de bytes por minuto).[138] Pero una cosa es el *análisis* de las opciones y otra la *toma* de decisiones, que es *privilegio* exclusivo de la *soberanía popular*, directamente ejercida por los ciudadanos *libres* e *informados*. Pero para que esto sea no solo posible sino *eficaz*, no solo un *derecho* sino una *realidad*, es necesario el desarrollo de la *educación universal* hasta niveles no conocidos hasta ahora. Educación que incluya la capacidad de enfrentarse a los campos donde la incertidumbre y el riesgo es mayor, como los que afectan a la economía, la salud, el medioambiente. Se trata de dotar a los individuos de la capacidad comprender y de valorar de manera crítica las incertidumbres y los riesgos a la hora de tomar decisiones, sin necesidad de esperar el dictamen de los expertos sobre lo que es correcto. Formar, en definitiva, ciudadanos capaces de adoptar por sí mismos decisiones *formadas* e *informadas*, dotándoles de los medios precisos para hacerlo.

Volviendo a Platón, el gobierno *aristocrático* de los más sabios se convertirá en el *asesoramiento de expertos* designados por los ciudadanos, como se hace con los representantes parlamentarios. El *gobierno* estaría bajo control directo de la *ciudadanía* mediante la aplicación plena de la Democracia Ampliada.[139]

En la futura sociedad socialista nos encontraríamos con tres *universos*:

- El de los *expertos*, elegidos al modo de los antiguos representante políticos, que analiza los problemas que afectan a los asuntos públicos, plantea las opciones, y ofrece las posibles soluciones, tanto ejecutivas como legales acordadas por mayoría.

- El del *gobierno ejecutivo,* que controla la administración pública, y lleva a la practica las decisiones de la *ciudadanía*, de acuerdo a las propuestas de los *expertos*. Será elegido directamente por la *ciudadanía,* y estará bajo su *control* en el ejercicio de la Democracia Ampliada, que incluye el *derecho de revocación* de todos los cargos.

- El de la *ciudadanía*, que elige a los *expertos* y al *gobierno ejecutivo,* entre las distintas ofertas electorales de los grupos, asociaciones, organismos, etc. capacitados para ello. La *ciudadanía* toma la decisión final, de acuerdo a las propuestas de los *expertos,* en los asuntos de importancia, y en todos los que afectan a *derechos ciudadanos* como la renta, la educación, la sanidad, la seguridad, la protección social, etc. También controla su ejecución por el *gobierno*. La *ciudadanía* ejerce permanentemente su *soberanía,* ya que solo delega la capacidad *ejecutiva* (en el gobierno) y *deliberativa* (en los expertos).

Naturalmente, este es un diseño *utópico, futurista,* como lo fue en su momento el *Manifiesto Comunista.* Podrá adoptar formas concretas muy diversas, según el grado de desarrollo socioeconómico y cultural de cada país, y de acuerdo a cada situación concreta. Pero dibuja una posible forma *avanzada* de la sociedad socialista, que aborda los problemas socioeconómicos y jurídicos desde un punto de vista científico (*expertos*), ejecuta la política (*gobierno*) mediante un órgano elegido democráticamente, pero preserva la *decisión final* en una *ciudadanía* plenamente y permanentemente *soberana.* Ahora bien, para que el ejercicio pleno de la *soberanía* sea posible es necesario extender, desarrollar y universalizar realmente la *educación*, pilar básico de la *libertad de elección y de decisión.*

La *socialización* paulatina de la *economía* para reducir al mínimo los factores de *incertidumbre* que permita la *optimización* de los recursos y la distribución justa de la riqueza de acuerdo al esfuerzo personal y las necesidades sociales; la *socialización* plena de la *cultura* para dotar de los conocimientos necesarios a fin de que a los ciudadanos bien informados puedan tomar, con conocimiento de causa, la decisión final; la *socialización* efectiva de la sanidad, los servicios sociales, y la garantía de una vida digna a todos los ciudadanos para que su participación política pueda ser plena; y el control de

los elegidos (*expertos*), así como la capacidad *última y permanente* de decisión de los ciudadanos, serán los pilares de la nueva sociedad socialista. Una sociedad donde *libertad, igualdad, solidaridad,* y *cooperación* alcancen cotas nunca conseguidas hasta ahora. Y donde se convierta en realidad la consigna: *de cada uno, según sus capacidades; a cada uno, según su necesidad.*

Pero tal vez las cosas sean muy distintas. No hay manera de saberlo hasta que no se convierta en una realidad. Pero solo avanzamos pensando en el futuro. Lo único seguro es que la democracia alcanzará nivel de desarrollo, amplitud y eficacia nunca conocidos; y que la justica social, la igualdad y el desarrollo cultural beneficiaran a todo los miembros de la sociedad sin distinción, permitiendo el libre desarrollo de cada uno según sus deseos y capacidades. En nuestra mano está conseguirlo.

NOTAS

1 Carlos Tuya. Democracia Ampliada. Amazon, 2015.

2 Lucha de todos contra todos. Este concepto define la naturaleza humana según Thomas Hobbes (1588-1679). Ver: Leviatán. Fondo de Cultura Económica, 2014.

3 C. Marx & F. Engels. Correspondencia. Ediciones Política, La Habana, s.f. Ver una recopilación en: www.marxists.org/espanol/m-e/cartas/

4 Anton Pannekoek, Marxism and Darwinism. Charles H. Kerr, 1912. Hay una traducción en :
http://es.internationalism.org/ Para un enfoque socialista del darwinismo social ver: Reinhard Mocek. Socialismo Revolucionario y Darwinismo. Akal, 2014.

5 Paul Ricoeur *(1913-2005)* agrupó a estos tres pensadores bajo el concepto de *filosofía de la sospecha.* en su libro De l'interprétation. Essai sur Freud. Edition du Seuil, 1965. Ver también: Michel Foucault. Marx, Nietzsche, Freud. Ed. El Cielo por Asalto, 1995.

6 Steven Pinker. La Tabla Rasa. Paidós Ibérica, 2003. (704 páginas).

7 Richard Dawkins. El gen egoísta. Las bases biológicas de nuestra conducta. Salvat, 2014. Para una mayor conocimiento del tema ver: Jesús Mosterín: La cultura humana. Espasa Calpe. Colección Gran Austral, 2006.

8 Steven Pinker. Op. cit.

9 Roger Penrose ha teorizado en este sentido en *La nueva mente del Emperador*, Ediciones Debolsillo. 2009.

10 Jerry A. Coyne. Por qué la teoría de la evolución es verdadera. Editorial Crítica. 2009.

11 Un alelo es cada una de las formas alternativas de un gen que afecta a su función. Los organismos diploides, como los humanos, tienen dos alelos de cada gen, procedentes del padre y de la madre. Ocupan un lugar (locus) en el cromosoma, y pueden ser iguales (homocigosis) o diferentes (heterocigosis). Existen a lelos dominantes y alelos recesivos. Si ambos alelos del indi-

viduo son iguales, la característica que depende de este alelo se expresará. Si son diferentes, el alelo dominante se impondrá sobre el recesivo. Por ejemplo, si un niño hereda un alelo que expresa el color marrón y un alelo el azul, tendrá ojos marrones porque es el dominante.

[12] Lo que dijo Ortega y Gasset es que *el hombre no tiene naturaleza si no que tiene historia*. Ver: Historia como sistema. Biblioteca Nueva, 2007.

[13] Ver aportaciones de Norbert Elias en El proceso de la civilización. Fondo de Cultura Económica de España, 2011, y La sociedad de los individuos. Edicions 62, 1990.

[14] Francis Fukuyama. El fin de la historia y el último hombre. Planeta. 1992

[15] Ver Karl Marx. Crítica de la filosofía del estado de Hegel. Biblioteca Nueva, 2002.

[16] Más en detalle en Steven Pinker. Op. cit.

[17] Ver: Edward Wilson. *The Insect Societies*. Harvard University Press, 1971. En español puede verse: *Comportamiento animal*. Hermann Blume, 1982. Posteriormente publicó *On Human Nature*, citado abundantemente por Pinker, que es una de las bases de los sociobiológos *reduccionistas*.

[18] Lamarck formuló la primera teoría de la evolución biológica, adelantándose en 50 años a la de de Darwin de la selección natural. La diversidad biológica era para Lamarck fruto de la lenta adaptación al medio. En su obra Filosofía zoológica señala que "*a medida que los individuos de una de nuestras especies cambian de situación, de clima, de manera de ser o de hábito, reciben por ello las influencias que cambian poco a poco la consistencia y las proporciones de sus partes, de su forma, sus facultades y hasta su misma organización*". Esos caracteres adquiridos se heredarían. Mendel, con sus estudios sobre la herencia genética, evidenció el error. Las jirafas no tiene el cuello tan largo porque lo estiraran para llegar a las hojas más altas de los arboles, sino que los individuos con cuellos mas altos por variabilidad genética, al tener más opciones de sobrevivir y reproducirse, terminaron dominando. Sin embargo, ciertas formas de lamarckismo blando se siguen defendiendo por algunos evolucionistas y científicos como J. M. Baldwin, Waddigton o la microbiología Lynn Margulis para

quien el lamarkismo no debe ser abandonado sino *refinado* (Lynn Margulis Planeta simbiótico. Debate, 2002). Dawkins, en su libro *El relojero ciego*, lo refuta ingeniosamente: *No es posible probar que las características adquiridas no se hereden por la misma razón, no podemos probar que no existen las hadas.*

[19] Término acuñado por Conrad Hal Waddington en 1942 para referirse al estudio de las interacciones entre genes y ambiente. Entran en este campo los estudios sobre la metilación del ADN y su incidencia en la impronta genómica, por ejemplo. Ver: Nessa Carey. *La Revolución Epigenética.* Biblioteca Buridán. 2013.

[20] Antonio Gramsci. Análisis de las situaciones. Correlaciones de fuerzas. Textos de los Cuadernos posteriores a 1931. (C. XXX; M., 40-50). Antología. Selección, traducción y notas de Manuel Sacristán. Akal, 2013.

[21] Marx en su Crítica del programa Gotha, habla de que "*entre la sociedad capitalista y la sociedad comunista media el período de la transformación revolucionaria de la primera en la segunda*". Llama "*sociedad comunista*" a la sociedad que sustituirá al capitalismo en base a las condiciones creadas por la propia sociedad capitalista, distinguiendo dos etapas: una en la cual se conservan determinados rasgos de la sociedad capitalista, y otra etapa donde se realizan plenamente los principios de la nueva sociedad.

[22] K Marx y F. Engels: Manifiesto del Partido Comunista. Nordica, 2012.

[23] El polimorfismo genético, del griego *poli* (múltiples) y *morfismo* (forma), se refiere a la existencia de varios *alelos* (ver supra) en una población, como consecuencia de mutaciones. También se utiliza el término en informática.

[24] K. Marx. Introducción a la crítica de la economía política. Siglo XXI Editores, 2003.

[25] El impulso definitivo para su aplicación lo dio el motín de la revolucionaria guarnición Kronstadt, en el Báltico. Pero la necesidad de una nueva orientación económica venia dada por la caída en picado (60%) de la producción agrícola, y el desmoronamiento de la producción industrial (15%), consecuencia, entre otras causas, de la guerra civil y la agresión extranjera.

La terrible hambruna del invierno de 1920, el despoblamiento de las ciudades, y el bajo nivel de vida, hacían insostenible la situación. La NEP supuso, en palabras de Lenin, un "obligado paso atrás", el restablecimiento limitado y controlado del capitalismo y la iniciativa privada. El resultado fue inmediato, particularmente en la agricultura, lo que permitió superar las hambrunas y alcanzar los niveles productivos de 1914. Como contrapartida, resurgieron las diferencias de clase, el enriquecimiento de los kulaks, y las tensiones sociales. Stalin puso punto final a la NEP cuatro años después de la muerte de Lenin.

[26] Ver: Alan M. Turing. ¿Puede pensar una maquina?. KRK Ediciones, 2012.

[27] Norbert Wiener. Cibernética o el control y comunicación en animales y máquinas, Tusquets, 1985.

[28] Ver: José Hierro-Pescador. Filosofía de la ente y la Ciencia cognitiva. Akal, 2005.

[29] Francisco J. Varela y Humberto Maturana. El árbol del conocimiento: Las bases biológicas del entendimiento humano. Editorial Universitaria, 2003.

[30] Erick Kandel. Principios de neurociencia. Interamericana de España, 2001.

[31] Ver de Richard C. Lewontin: Base genética de la evolución. Omega. 1979; Genes, organismo y ambiente. Gedisa, 2009; El sueño del genoma humano y otras Ilusiones. Paidós, 2001; junto con Steven Rose, León J. Kamin, No está en los genes: crítica del racismo biológico (Grijalbo, 1996).

[32] Dennis Bray. Wetware: A Computer in Every Living Cell. Yale University Press, 2009.

[33] Ver Gerald M. Edelman. Neural Darwinism. The theory of neuronal group selection, Basic Books, lnc. Publishers, 1987; Biologie de la conscience. Odile Jacob, 1992; y con Giulio Tononi. El universo de la conciencia: como la materia se convierte en imaginación. Crítica 2002.

[34] Ver Richard E. Leakey. La formación de la humanidad. El Aguazul, 2005; José Luís Arsuaga. La saga humana. Editorial Edaf, 2006.

[35] Quién este interesado en este apasionante tema puede leer el capítulo 5° del libro de Michio Kaku, Física de lo imposible. Debate, 2009.

[36] Chris Frith. Descubriendo el poder de la mente. Ariel, 2008.

[37] Francisco J. Varela y Humberto Maturana. El árbol del conocimiento: Las bases biológicas del entendimiento humano. Editorial Universitaria, 2003.

[38] Oliver W. Sacks. Los ojos de la mente. Anagrama, 2011; El hombre que confundió a su mujer con un sombrero. Anagrama, 2008.

[39] Desde que el ojo se detiene en una palabra hasta entender su significado pasan unas 300 milésimas de segundo. Esta *cronometría* de las neuronas puede darle relación temporal al espacio anatómico. Ver otros ejemplos en Chris Frith. Descubriendo el poder de la mente. Ariel, 2008.

[40] Concepto desarrollado por el Premio Nobel de Física, Frank Wilczek.

[41] Michio Kaku. Op. cit.

[42] David Le Bretón. Sociología del cuerpo. Nueva Visión, 2002.

[43] Entrevista a David Le Breton. Ver en: http://www.tendencias21.net/

[44] David Le Breton. Antropología del cuerpo y modernidad. Nueva Visión, 2002.

[45] Steven Pinker. Op. cit.

[46] Adam Alter es autor del bestselker Drun Tank Pink. Penguuin Books, 2013.

[47] Ver: *Desarrollo diferencial, del cuerpo calloso en relación con el hemisferio cerebral.* Eliana Quintero-Gallego, Enrique Manaut, Elena Rodríguez, Javier. Pérez-Santamaría, & Carlos M. Gómez. Laboratorio de Psicobiología. Universidad de Sevilla. Revista Española de Neuropsicología 5, 1: 46-64. (2003)

[48] Jean Piaget. La representación del mundo en el niño Ediciones Morata, 2001.

[49] *El instinto del aprendizaje,* artículo de W. Tecumseh Fitch en *Este libro le hará más inteligente,* de John Brockman. Paidós Ibérica, 2012. Ver también: W. Tecumseh Fitch. The Evolution of Language. Cambridge University Press, 2010.

[50] La gran etóloga Jane Goddal, describe como un chimpancé, bautizado como David Greybeard, no solo usaba trozos de rama para atrapar las termitas sino que pelaba las ramas de hojas fabricando así un instrumento; Frans de Waal, del centro de Primates de Yerkes en Atlanta, está convencido de que los chimpancés, con un cerebro que es sólo una tercera parte del de los humanos, tienen sentido de la justicia, como puede evidenciar el hecho de que a veces, cuando dos chimpancés macho se pelean, una hembra se acerca a un macho furioso, le besa y acaricia, y luego le lleva a su rival. Los dos machos se ponen a acariciar a la hembra, que llegado el momento desaparece, dejando a los machos acariciándose entre sí. Para Arsuaga, estos hallazgos demuestran que no existe *un rubicón insalvable entre simios y humanos; los chimpancés presentan de forma rudimentaria algunas características humanas.* Ver también: Roger Fouts. Primos Hermanos. Ediciones B, 1999.

[51] Las implicaciones ideológicas y políticas de todo lo dicho las desarrollo en mi libro, de próxima aparición, *La sinrazón populista.*

[52] Jonah Lehrer. Proust y la neurociencia. Paidós Transiciones, 2010

[53] Nolasc Acarín Tusell. El cerebro del rey. RBA, 2001.

[54] Antonio R. Damasio. El error de Descartes. Destino, 2011.

[55] Confucio. Analectas. Arca de Sabiduría, 2011.

[56] Carlos Tuya. Op. cit.

[57] Jean-Jacques Rousseau. Emilio, o De la educación. Alianza Editorial, 2005.

[58] La oxitocina es una hormona acumulada en el hipotálamo y secretada por la glándula pituitaria posterior, cuya función está asociada con el establecimiento de vínculos afectivos, (amantes, madres e hijos) y en la inducción del sentimiento de confianza hacia otras personas. Pero tiene también una diversidad de funciones como intervenir en las contracciones del útero durante del parto y activar las contracciones de la vagina durante el orgasmo. Un estudio reciente, publicado en la revista *Neuroscience and Biobehavioral Reviews*, ha comprobado que la oxitocina tiene unos efectos sobre el comportamiento similares a los del alcohol.

[59] Para profundizar en el tema, se puede consultar: Alejandro Melo Florián. Cerebro, Mente y Conciencia. Neurociencias, 2010.

[60] Aristóteles, en su obra *Política* define al hombre como *animal racional*. Aunque parecido, que no es lo mismo, ya que la razón es un concepto que deja abierta la cuestión de dónde de viene, resuelta durante siglos, hasta la irrupción del evolucionismo y las ciencias neurológicas, a favor de un agente externo al cuerpo material. Mientras que la cultura es obra del cerebro humano, aunque los creacionistas sigan propugnando el origen exterior, divino, de la capacidad para crearla. También afirma que el "*hombre es por naturaleza un animal político o social*".

[61] El movimiento eugenésico, encabezado por Francis Galton, fue un movimiento que, a partir del año 1883, adquirió una popularidad creciente en un gran número de países. Aunque rechazado a mediados del pasado siglo, las campañas de esterilización forzado continuaron hasta ¡1970!.

[62] El tratamiento del autismo, siempre personalizado, incluye los campos clínico, funcional y personal. Es decir, no solo se atiende la patología y la reducción de los síntomas, sino las pautas de conducta adaptativas para desenvolverse socialmente, y los deseos y aspiraciones personales del enfermo. Ver: J. Tamarit. Autismo: modelos educativos para una vida de calidad. www.asociacionalanda.org/pdf/tamarit_calidadvida_autismo.pdf. También: Sally J. Rogers; Geraldine Dawson. Modelo Denver de atención temprana para niños pequeños con autismo. Autismo Avila, 2015.

[63] Herbert Spencer. Primeros Principios. Innisfre Editorial, 2013.

[64] Stephen Jay Gould. La falsa medida del hombre. Drakontos bolsillo, 2009

[65] Richard J. Herrnstein, Charles Murray. Bell Curve: Intelligence and Class Structure in American Life. Free Press, 1994.

[66] Se estima que los aproximadamente 8 millones de polimorfismos del tipo SNP (Single Nucleotide Polymorphisms) situados en secuencias génicas son responsables de un 85% de la variabilidad genética en los humanos.

67 Howard Gardner. Las inteligencias múltiples en el siglo XXI, Paidós, 2003.

68 Sternberg, Robert J; Grigorenko, Elena L; Kidd, Kenneth K (2005). La inteligencia, la raza, y Genética. American Psychologist 60.

69 Nisbett, Richard. La inteligencia y cómo conseguirla. WW Norton & Company, 2009.

70 Deary, W. Johnson, Houlihan. Bases genéticas de la inteligencia humana. *Human Genetics* 126. (2009).

71 Earl Hunt. Inteligencia Humana. Cambridge University Press. 2010.

72 Nicholas Mackintosh. El coeficiente intelectual y la Inteligencia, Oxford University Press,1998.

73 Un grupo de investigadores de la Universidad Western Ontario en Canadá, tras analizar un millón de marcadores de gemelos idénticos que derivan de un solo cigoto y que, en principio, coinciden en todos sus rasgos, han encontrado que no son iguales. La investigación buscaba la secuencia genética de la esquizofrenia, y aparece publicada en la revista online PLoS ONE. El genetista molecular Shiva Singh, responsable del trabajo de investigación, señala que «Las células se multiplican a medida que nos desarrollamos y se diferencian. Más importante aún, estas células pueden perder o adquirir ADN adicional. El genoma no es estático".

74 Ernesto Pollitt. La nutrición y el rendimiento escolar. UNESCO, 1984, y Desnutrición, Pobreza e Inteligencia. Universidad Ricardo Palma. Lima, 2007.

75 Cuenta Eric Kandel, en su libro *En busca de la memoria. El nacimiento de una nueva ciencia de la mente*. Katz, 2007, que: *había ido a la escuela de medicina porque quería ser psicoanalista. Pero en el último año de facultad teníamos un período de libre elección de 6 meses en el que podíamos hacer lo que quisiéramos, y pensé que un psicoanalista tenía que tener nociones del cerebro. El mejor especialista de Nueva York estaba aquí en Columbia: Harry Grundfest. Así que fui a verle, y me aceptó durante 6 meses. Recuerdo que me preguntó: «¿en qué te gustaría trabajar?» Y yo le dije: «me gustaría saber en qué parte del cerebro están ubicados el ego, el ello y el superego». Me miró como si estuviera loco, y respondió:*

«*no tenemos ningún motivo para creer que existen esas estructuras...*

[76] Richard Lewontin. No está en los genes: crítica del racismo biológico. Grijalbo, 1996.

[77] Un equipo internacional, liderado por investigadores de la Mount Sinai School of Medicine de Nueva York, ha demostrado por primera vez que una zona del cerebro llamada la corteza insular anterior, es el centro de actividad de la empatía humana, descartando otras áreas cerebrales. El estudio aparece en la edición septiembre de 2012 del journal Brain. El Dr. Jin Fan, autor del estudio y profesor asistente en el Departamento de Psiquiatría del Monte Sinaí, señala: "*los pacientes con lesiones insulares tenían dificultades para evaluar el estado emocional de la gente con dolor y sentir empatía por ellos*".

[78] *El lenguaje de signos gestuales es creado por el sordo de nacimiento del mismo modo que el niño oyente va desarrollando el lenguaje verbal que percibe en su entorno. El lenguaje de signos gestuales se desarrolla, por tanto, en el contacto comunicativo entre sordos. Los signos gestuales del sordo, en la medida en que se utilizan para transmitir mensajes entre un emisor y un destinatario, de acuerdo con un código específico, constituyen un lenguaje que difiere del lenguaje verbal en el modo de producción y en el modo de percepción. Se articula con las manos y se percibe por la vista. Así pues, el lenguaje humano no es exclusivamente oral-auditivo, sino que también hay lenguajes de tipo gestual-visual.* María Ángeles Rodríguez González. Lenguaje de signos. CNSE-Fundación Once,1991.

[79] Eric Turkheimer, Erin D. Bigler y Ronald A. Yeo.. Neuropsychological Function and Brain Imaging. Springer-Verlag New York Inc.2913.

[80] J. A. López Cerezo y J. L. Luján López. El artefacto de la inteligencia. Una reflexión crítica sobre el determinismo biológico de la inteligencia. Anthropos, 1989.

[81] Por poner un ejemplo, un estudio en la revista *Current Biology* apunta que las hormigas de la especie *Temnothorax unifasciatus* al saberse enfermas, abandonan la colonia aunque eso signifique su muerte en solitario, para evitar que se extienda la enfermedad en la colonia.

[82] Correlation is not a cause (CINAC) abstracción taquigráfica. que implica preguntarse qué variable A es la causante de la variable B, o si existe algún elemento distinto de A y de B que sea en realidad la causa de ambas variables. es fundamental para plantarse críticamente los relatos científicos.

[83] Alfredo Francesch. Sabores y sinsabores de un programa Darwinista para las Ciencias Sociales. Publicado por el Centro de Investigação em Antropologia e Saúde. Universidad de Coimbra, 2015. Ver en: https://digitalis-dsp.uc.pt/bitstream/10316.2/28622/3/AP26-27_artigo2.pdf?ln=pt-pt

[84] Nombre con el que se designan a los líderes de la Independencia de los Estados Unidos: George Washington, Thomas Jefferson, Benjamín Franklin, John Adams, o James Madison.

[85] Aristóteles. Poética. Edición Bilingüe y traducción de Julián Marías y María Araujo, Centro de Estudios Constitucionales, Madrid, 1989.

[86] La Oficina Internacional del Trabajo y el Alto Comisariado para los Derechos Humanos de la ONU estiman en 27 millones los individuos en situación de esclavitud *tradicional*, y a diez veces más a los niños y los jóvenes trabajando en condiciones asimilables a la esclavitud. Según Philippe-Jean Catichini, Lutter contre l'esclavage en Le Monde des Livres del 1-04-2005, p. VIII.

[87] Ernst Mayr. Así es la biología. Debate, 2005. También: Por qué es única la biología: consideraciones sobre la autonomía de una disciplina científica. Katz, 2006.

[88] https://oxfamintermon.s3.amazonaws.com/sites/default/files/documentos/files/europa-mayoria-no-elites.pdf

[89] Wolfgan Sreeck. La crisis del capitalismo democrático. New Left Review 71. Pdf en: newleftreview.es/article/download_pdf?language=es&id=2914

[90] Ver: http://sociedad.elpais.com/sociedad/2014/03/12/actualidad/1394658467_751231.html

[91] Stephen Jay Gould. La falsa medida del hombre. Grupo Planeta, 2010.

[92] Ronald Aylmer Fisher. The Genetical Theory of Natural Selection. HardPress Publishing, 2013.

[93] Ver: J. A. López Cerezo y J. L. Luján López. Op. cit.

[94] Propuesta teórica formulada biólogo austriaco Ludwig von Bertalanffy (1901–1972) recogida en su obra Teoría General de los Sistemas. (Fondo de Cultura Económica. México. 1976.). La TS sostiene que las propiedades de los sistemas no pueden ser descritos en términos de sus elementos separados y se presenta como una forma sistemática y científica de aproximación y representación de la realidad, donde lo importante son las relaciones y los conjuntos que a partir de ellas emergen. El sociólogo alemán Niklas Luhmann (1927–1998) fue uno de los primeros en aplicar la TS en el ámbito de las ciencias sociales. Ver su obra: Introducción a la teoría de sistemas. Universidad Iberoamericana, 1996. Para una visión general: Darío Rodríguez Mansilla y Marcelo Arnold. Sociedad y teoría de sistemas. Editorial Universitaria, 1991.

[95] Thomas Hobbes. Leviatán. Losada, 2007.

[96] Adam Smith. La Riqueza De Las Naciones. Alianza Editorial, 2011.

[97] Thomas Piketty. El Capital en el Siglo XXI. Fondo De Cultura Económica de España, 2014.

[98] Earl K. Miller y Jonathan D. Cohen. An Integrative Theory of Prefrontal Cortex Function. Annual Review of Neuroscience. Vol. 24, 2001. Ver también: María Guadalupe González Osornio. Desarrollo neurológico de las funciones ejecutivas en preescolar. Manual Moderno, 2014.(Edición Kindle).

[99] Existe numerosa bibliografía sobre la relación entre moral y sociedad: Edward Thompson. Tradición, revuelta y conciencia de clase. Estudios sobre la crisis de la sociedad pre industrial. Crítica, 1979, y Niklas Luhmann La moral de la sociedad. Trotta Editorial, 2013.

[100] G. E. Moore. Ética. Encuentro Ediciones, 2001.

[101] El *sentido común*, al que son tan aficionados son políticos como Rajoy y Pablo Iglesia, o es un conjunto de ideas preconcebidas y prejuicios, o simples *perogrulladas*. La mayoría de los grandes avances de la ciencia (sistema copernicano, leyes de Newton, teoría de la relatividad, selección natural, física cuántica) van en contra del *sentido común*, y han tenido que

luchar contra su pernicioso efecto en las ciencias. Pero el *sentido común* también se viste a veces de ciencia: Aristóteles defendía que cuerpos con masa distintas caen a velocidades distintas. Galileo demostró su falsedad con un simple *experimento mental*. Como decía Gramsci, el *buen sentido* debe contraponerse al *sentido común*.

[102] Los interesados en profundizar sobre esta cuestión pueden ver: Norman Geras, Marx and Human Nature: Refutation of a Legend. Paperback, 1983; Sean Sayers. Marxism and Human Nature. Routledge Studies in Social and Political Thought, 1998, Mehmet Tabak. Dialectics of human nature in marx's philosophy. Palgrave Macmillan, 2012. Lamentablemente, no conozco ediciones en español.

[103] Karl Marx. Tesis sobre Feuerbach y otros escritos filosóficos. Grijalbo, 1982.

[104] En junio de 1873, Marx había dedicado, un ejemplar de El Capital a Darwin. En una carta a Engels, fechada 19 de diciembre 1860, afirma que *En este libro se encuentra el fundamento histórico-natural de nuestra concepción*". Y, más crítico, añade posteriormente: *Cabe señalar cómo Darwin reconoce en los animales y las plantas a su propia sociedad inglesa, con su división del trabajo, su competencia, sus aperturas de nuevos mercados, sus invenciones y su maltusiana lucha por la vida. Es el "bellum omnium contra omnes" de Hobbes, y recuerda a Hegel en la Fenomenología, donde la sociedad civil interviene como "reino animal del Espíritu", mientras que en Darwin, es el reino animal el que interviene como sociedad civil.* Marx-Engels. Correspondencia. Ediciones Sociales. París, 1979.

[105] *Esta teoría* (el marxismo), *al afirmar que la más importante pregunta que ha de formularse respecto de cualquier fenómeno concierne a la relación en que éste se halla con la estructura económica, esto es, a las relaciones del poder económico, de cuya estructura social ella es una expresión, ha creado nuevas herramientas de crítica e investigación, cuyo empleo modificó la naturaleza y dirección de las ciencias sociales en nuestra generación. Todas aquellas cuyo trabajo se funda en la observación social han quedado necesariamente afectadas. No sólo las clases en pugna, los grupos, los movimientos opuestos y sus dirigentes en cada país, sino también los historiadores y sociólogos, los psicólogos y los estudiosos de la*

política, los críticos y los artistas creadores, en la medida en que intenten analizar la cualidad cambiante de la vida de su sociedad, deben la forma de sus ideas, en gran parte, a la obra de Karl Marx. Ha pasado más de medio siglo desde la formulación final de la doctrina, y durante estos años ha recibido más de lo que merecía en cuanto a alabanzas y censuras. La exageración y la excesiva simplificación de sus principios capitales contribuyeron no poco a oscurecer su significado, y muchos errores (por decirlo de forma suave) teóricos y prácticos se cometieron en su nombre. No obstante, su efecto fue, y continúa siéndolo, revolucionario. Isahia Berlin. Karl Marx. Su vida y su entorno. Alianza Editorial, 1998.

[106] *Marx mismo ha sido alabado o culpado de muchas cosas de las que era por completo inocente; por ejemplo, durante décadas fue tenido en alta estima, o fue objeto de hondo resentimiento, como «el inventor de la lucha de clases», de la cual no sólo no fue el «inventor» (los hechos no se inventan) sino ni siquiera el descubridor.* Anna Harent. Karl Marx y la tradición del pensamiento político occidental. Ediciones Encuentro, 2007.

[107] Adam Ferguson, Un ensayo sobre la historia de la sociedad civil, 1974.

[108] François Quesnay. Tableau économique. Macmillan, 1972.

[109] Saint-Simon. Catéchisme des industriels. Nabu Press, 2011.

[110] Discussions du Congrés National de Belgique. E. Huyttens. Bruxelles, 1844

[111] Karl Marx. 18 brumario de Luis Bonaparte. Alianza Editorial, 2015.

[112] Karl Marx. La guerra civil en Francia. Ediciones Pueblos Unidos. Montevideo, 1954

[113] Wolfgan Sreeck. Op. cit.

[114] Nada más nacer, el bebé espartano era examinado por un grupo de ancianos que decidían si merecía la pena ser criado o arrojado por el Monte Taigeto. Luego, el Estado se encargaba de su educación, sin que la familia tuviera un papel importante como institución. Gracias a lo cual, por cierto, la mujer gozaba en Esparta de mayor grado de independencia que en el resto de Grecia.

[115] Ruth Hubbard y Elijah Wald. El mito del gen. Cómo se manipula la información genética. Alianza Editorial, 1999.

[116] Richard Dawkins. Op. cit.

[117] Ver Richard E. Leakey. La formación de la humanidad. El Aguazul, 2005; José Luís Arsuaga. La saga humana. Editorial Edaf, 2006.

[118] El tiempo profundo y el futuro remoto, artículo incluido en *Este libro le hará más inteligente,* de John Brockman. Paidós Ibérica, 2012.

[119] Los últimos descubrimientos parecen indicar que la lista debería empezar por el *Homo nalendi,* con características comunes a los *australopitecos* y los *Homo habilis.* Hallazgo que parece indicar cierto grado de *conciencia* por el posible carácter *funerario* de los restos encontrados.

[120] Noam Chomsky. El lenguaje y la mente humana. Ariel Filosofía, 2002.

[121] Dentro de unos 6.000 millones de años el sol se convertirá en *gigante roja,* una enorme bola de fuego que se engullirá la Tierra. La especie humana tendrá ya que haber colonizado otros planetas con el impacto evolutivo que cambios ambientales tan drásticos podrán originar.

[122] Adam Ferguson. Op. cit.

[123] El *gedankenexperiment,* o *experimento mental,* es un procedimiento que se utiliza en la física teórica para demostrar una teoría cuando no puede hacerse materialmente, aunque ya Galileo se basó en él para demostrar que Aristóteles estaba equivocado al afirmar que dos objetos de distinta masas caen a velocidades distintas. El *gato de Schrödinger,* es uno de los más populares. En cierto sentido, todo proyecto personal es un *experimento mental* que se confirma o refuta al llevar dicho proyecto a la práctica.

[124] Martin Nowak.Evolutionary Dynamics: Exploring the Equations of Life. The Belknap Press of Harvard Uniserity Press, 2006.

[125] Hay numerosos ejemplos entre los que destacan las novelas Un mundo feliz, de Aldous Huxley, y 1984, de George Orwell, ambas en Debolsillo.

[126] Jerry A. Coyne. Op. citada.

[127] Richard Lynn. Race Differences in Intelligence: An Evolutionary Analysis. Washington Summit Publishers, 2006. El libro proclama ser "el estudio y análisis más grande del mundo acerca de habilidades cognitivas, basándose en 620 estudios publicados, con un total de 813,778 individuos estudiados. Lynn divide la población del mundo en 9 "ramas genéticas", basándose en estudios previos de "agrupaciones genéticas" (genetic clusters).

[128] No pueden considerarse tales, las comunidades agrarias llamadas *falansterios,* creadas por François Marie Charles Fourier (1772 – 1837), y las *colonias* de New Harmony promovidas por Robert Owen (1771 - 1858).

[129] Byung-Chul Han. Psicopolítica: Neoliberalismo y nuevas técnicas de poder. Herder Editorial, 2014.

[130] Es significativo que los EE.UU. sea el país con mayor tasa de población carcelaria 1 de cada 100 adultos. Pese a ser sólo el 5% de la población mundial acumula el 25% de la población reclusa. Eso por no hablar de la pena de muerte, forma definitiva de selección natural.

[131] Thomas Piketty. Op. cit.

[132] Wolfgang Streeck. Las crisis del capitalismo democrático. Artículo presentado en el European University Institute de Florencia como una de las «Lecciones Max Weber» de 2011. Se puede descargar en: http://newleftreview.es/authors/wolfgang-streeck.

[133] Michal Kalecki. Political Aspects of Full Employment. Political Quarterly 14/4, 1943.

[134] La Revolución Digital bajo el capitalismo no garantiza el bienestar. Por ejemplo, el número de personas que pueden utilizar un teléfono móvil en la India duplica al de la gente con posibilidad de acceder a una letrina.

[135] Antonio Gramsci. Democracia obrera, artículo publicado el 21/06/1919, en L'Ordine Nuovo, en colaboración con Togliatti. Recogido en: Antonio Gramsci. Antología. Selección, traducción y notas de Manuel Sacristán. Akal, 2013.

[136] Jean-Pierre Chevènement. L'énarchie. Editions de la Table Ronde,1967.

[137] William Easterly. The Tyranny of Experts. Basic Books, 2013.

[138] Viktor Mayer-Schonberger y Kenneth Niel Cukier. Big Data. La Revolución De Los Datos Masivos. Turner, 2013.

[139] Carlos Tuya. Op. cit.

ÍNDICE